행복을 그리는 시간, 아이패드 드로잉

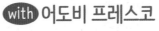 어도비 프레스코

행복을 그리는 시간, 아이패드 드로잉 with 어도비 프레스코

© 2022. 메리진(오은진) All rights reserved.

1쇄 발행 2022년 6월 1일

지은이 메리진(오은진)
펴낸이 장성두
펴낸곳 주식회사 제이펍

출판신고 2009년 11월 10일 제406-2009-000087호
주소 경기도 파주시 회동길 159 3층 3-B호 / **전화** 070-8201-9010 / **팩스** 02-6280-0405
홈페이지 www.jpub.kr / **원고투고** submit@jpub.kr / **독자문의** help@jpub.kr / **교재문의** textbook@jpub.kr

편집부 김정준, 이민숙, 최병찬, 이주원 / **소통기획부** 송찬수, 박재인, 배인혜, 이상복, 송영화, 권유라
소통지원부 민지환 / **총무팀** 김정미
기획 및 교정·교열 배인혜 / **표지·내지 디자인** nuːn / **표지 일러스트** 메리진
용지 타라유통 / **인쇄** 한길프린테크 / **제본** 일진제책사

ISBN 979-11-91600-93-3 (13000)
값 22,000원

제이펍은 독자 여러분의 아이디어와 원고 투고를 기다리고 있습니다. 책으로 펴내고자 하는 아이디어나 원고가 있는
분께서는 책의 간단한 개요와 차례, 구성과 저(역)자 약력 등을 메일(submit@jpub.kr)로 보내 주세요.

행복을 그리는 시간, 아이패드 드로잉

with 어도비 프레스코

메리진(오은진) 지음

제이펍

차 례

이미지로 보는 차례 008

머리말 011

이 책의 구성 012

스케치 활용 가이드 013

FRESCO 1 디지털 드로잉을 배워 볼까요?

Drawing 01 어도비 프레스코란? 016

Drawing 02 프레스코 시작하기 019

Drawing 03 브러시랑 친해지기 035

Drawing 04 추가 도구와 마무리 작업하기 053

FRESCO 2 기본 선과 도형으로 연습해요

Drawing 01 선으로 필기도구 그리기 062

Drawing 02 점으로 화분과 식물 그리기 066

Drawing 03 원으로 과일 그리기 074

Drawing 04 삼각형으로 케이크 그리기 082

Drawing 05 사각형으로 책 그리기 088

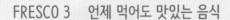

FRESCO 3 언제 먹어도 맛있는 음식

Drawing 01 빵과 커피 094

Drawing 02 오믈렛과 스테이크 102

Drawing 03   토마토 스파게티 112

Drawing 04   오트밀과 시나몬 120

Drawing 05   와인과 와인잔 128

FRESCO 4   슬기로운 식물 생활

Drawing 01   화병과 꽃다발 140

Drawing 02   가드닝 도구 150

Drawing 03   선인장 164

Drawing 04   몬스테라 170

Drawing 05   레몬 나무 176

Drawing 06   행잉 플랜트 182

monstera

FRESCO 5   즐거운 날의 기록

Drawing 01   LP 플레이어 190

Drawing 02   좋은 날 마음이 담긴 엽서 196

Drawing 03   초코 케이크 202

Drawing 04   은은한 불빛의 캔들 212

Drawing 05   샴페인과 함께하는 즐거운 파티 220

Drawing 06   핼러윈 파티룩 228

Drawing 07   크리스마스 트리 236

LP Player

FRESCO 6   내 손으로 그려 보는 사람들

Drawing 01   친구들의 얼굴 250
Drawing 02   가만히 서 있는 사람 262
Drawing 03   앉아서 대화하는 사람 270
Drawing 04   러닝으로 아침을 여는 사람들 278
Drawing 05   양치질하며 하루를 마무리하는 사람 296

FRESCO 7   봄, 여름, 가을, 겨울 풍경

Drawing 01   기차 타고 여행하는 벚꽃 로드 314
Drawing 02   시원한 파도 소리가 들리는 여름 바다   330
Drawing 03   낙엽이 떨어지는 가을 350
Drawing 04   눈 오는 겨울 숲에서 364

FRESCO 8   디지털 드로잉 응용하기

Drawing 01   내 폰 속의 사진으로 그림 만들기 376
Drawing 02   움직이는 그림 만들기 384
Drawing 03   컴퓨터로 옮겨 작업하기 394
Drawing 04   타임랩스 내보내기 397

이미지로 보는 차례

FRESCO 2 기본 선과 도형으로 연습해요

p.062

p.066

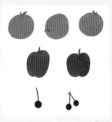
p.074

p.082

p.088

FRESCO 3 언제 먹어도 맛있는 음식

p.094

p.102

p.112

p.120

p.128

FRESCO 4 슬기로운 식물 생활

p.140

p.150

p.164

p.170

p.176

p.182

FRESCO 5 즐거운 날의 기록

p.190

p.196

p.202

p.212

p.220

p.228

p.236

이미지로 보는 차례

FRESCO 6 내 손으로 그려 보는 사람

p.250

p.262

p.270

p.278

p.296

FRESCO 7 봄, 여름, 가을, 겨울 풍경

p.314

p.330

p.350

p.364

머리말

안녕하세요. 메리진입니다.

이전에는 종이 위에서 그림을 그렸는데, 다양한 미술 재료들이 화면에 쏙 들어가 언제 어디서든 원하는 재료로 그림을 그리는 날이 왔네요.

디지털 드로잉을 처음 시작하던 시절을 돌이켜 보면, '컴퓨터에 태블릿을 연결해 손맛 나는 디지털 그림을 꼭 그리고야 말겠다!'라고 다짐하며 컴퓨터 앞에 꼭 붙어서 그림을 그렸습니다.

시간이 지나 가볍게 들고 다닐 수 있는 아이패드가 출시되었고, 카페 창가 자리에 앉아 처음 애플 펜슬로 그림을 그렸던 그 순간을 저는 아직도 잊지 못합니다.

누구나 종이 위에 한 번쯤은 그림을 그려 보았을 거예요. 미술 재료들이 많지만, 아직 사용해 보지 못한 재료도 있을 거예요. 종이에 그린 그림이 마음에 들지 않아 뒷장을 넘겨 새로 그려본 기억도 있을 거예요. 디지털 드로잉에서는 다양한 재료를 이용해 원하는 크기의 화면 위에서 쉽게 그림을 그리고 수정할 수 있습니다. 이제 여러분은

디지털 드로잉이라는 세계에서 더욱 쉽고 자유롭게 그림을 그릴 준비가 되었어요!

이 책에서는 아이폰과 아이패드에서 사용할 수 있는 어도비 프레스코 앱으로 그림 그리는 방법을 담고 있습니다. 그림이 처음이라 망설였던 분들도 쉽게 따라서 그릴 수 있도록 앱을 사용하는 방법부터 배운 후 기본 도형을 응용해서 일상 속 순간들을 함께 그려 볼게요. 저와 함께 차근차근 배워 가며 내가 좋아하는 재료로 나만의 일상을 '그림으로 남겨 보아요.'

삐뚤거려도 괜찮습니다. 여러분이 그리는 건 그림이니까요. 책 속의 그림과 똑같이 그려지지 않았다고 실망할 필요는 없습니다. 저마다 일상에서 여러분이 느낀 순간의 감정과 색감, 그리고 모양들이 세상에 단 하나뿐인 나만의 예쁜 그림으로 만들어질 테니까요.

그림 그리는 순간만큼은 여러분이 더 행복했으면 좋겠습니다.

오늘도 그림 그리는 행복을 느껴 보세요!

메리진 드림

이 책의 구성

이 책에서는 아이폰과 아이패드용 어도비 프레스코 앱을 이용해 실습을 진행합니다. 두 가지 기기의
어도비 프레스코 앱 화면은 거의 동일하므로 현재 가지고 있는 기기를 사용해서 그림을 그려 보아요.

1장에서는 어도비 프레스코 설치하고 시작하는 방법을
알아보고, 프레스코 캔버스의 도구들을 간단히 살펴봅니다.
작업을 마무리하고 저장하는 방법도 배워 보아요.

2장은 아이폰 화면을 보면서 실습합니다. 아이폰처럼 작은
화면에서 드로잉을 하려면 별도의 터치펜이 필요합니다.

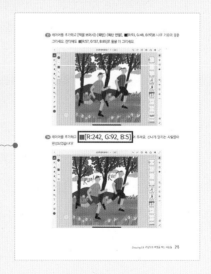

3~8장은 아이패드 화면을 보면서 실습합니다. 작품에
활용하는 모든 색상은 RGB 값을 표시해 두었습니다.
드로잉을 하면서 색상을 고르기 어렵다면 본문에 제시된
색상을 참고하세요.

스케치 활용 가이드

똑같이 따라 그리기 어려운 6장과 7장은 메리진 작가의 스케치 파일을 활용해 보세요. 또한, 메리진 작가의 보너스 스케치 25종으로 내 맘대로 컬러링을 하고 다양한 프레스코의 기능을 연습해 보세요. 아래의 URL에서 스케치 파일 다운로드 및 자세한 활용 방법을 확인할 수 있습니다.

⬇ **스케치 다운로드**
https://bit.ly/fresco_jpub

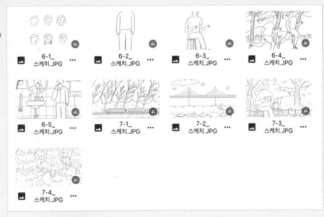

Tip. 이 URL은 [Notion]으로 만든 페이지로 크롬 브라우저를 이용하거나 모바일로 접속해야 원활하게 활용할 수 있습니다.

- -

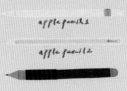

apple pencil 1

apple pencil 2

- -

Adobe Fresco

- -

- -

oil painting

디지털 드로잉을 배워 볼까요?

디지털 드로잉을 시작하려면 어떤 준비가 필요할까요?

이 책에서 사용할 어도비 프레스코는 어떤 프로그램인지

그리고 디지털 드로잉을 하기 위해서 필요한 도구들은 무엇이 있는지 알아 보아요!

Drawing 01 어도비 프레스코란?

✐ 디지털 드로잉 기기의 종류

종이에 다양한 도구로 그림을 그리고 색칠하며 놀았던 기억이 한 번쯤 있을 거예요. 물통, 붓, 물감, 크레파스, 스케치북 같은 도구들을 가득 가방에 넣고 다녔던 추억도 있나요? 이제는 종이 위가 아닌 디지털 화면 위에서 손맛나는 그림을 누구든 쉽게 접할 수 있습니다. 먼저 디지털 드로잉을 할 때 사용하는 기기를 알아 보아요.

아이패드 : 아이패드는 애플에서 출시한 태블릿PC입니다. 제가 디지털 드로잉 작업을 할 때 주로 사용하는 기기이기도 해요.

스마트폰(아이폰) : 누구나 스마트폰을 들고 다니죠. 스마트폰은 언제, 어디서든 그림을 그리고 싶을 때 꺼내서 작업할 수 있다는 장점이 있습니다. 그림을 자유롭게 확대/축소할 수 있어 작은 화면에서도 어도비 프레스코를 실행시켜 그림을 그릴 수 있어요. 아이폰으로 드로잉하는 방법도 알려 드릴 거예요.

✏️ 어도비 프레스코란?

이 책에서 다룰 드로잉 애플리케이션은 **어도비 프레스코(Adobe Fresco)**입니다. 어도비 프레스코는 어도비 스케치 이후에 나온 드로잉 및 페인팅 애플리케이션입니다. 인터페이스와 툴바의 위치가 어도비 포토샵과 비슷한 느낌이며, 프레스코만의 새로운 브러시와 편집 기능도 있답니다. 디지털 드로잉 애플리케이션 중에서도 어도비 프레스코의 장점은 바로 종이 위에 그림을 그리는 것처럼 재료의 질감을 구현하기 좋다는 것입니다. 우리가 배울 **[픽셀 브러시]**, **[라이브 브러시]** 등으로 연필, 잉크, 수채화의 번짐과 섞임, 유화 브러시의 질감 등을 충분히 그릴 수 있습니다. 따라서 디지털이라도 손 그림 느낌이 물씬 나는 그림을 표현할 수 있습니다. 그리고 무료 애플리케이션이라는 장점도 있답니다. 아이패드와 스마트폰으로 작업한 그림을 PSD 파일로 저장하면 데스크톱에서 **어도비 포토샵(Adobe Photoshop)**으로 수정하는 작업도 편리하게 할 수 있습니다.

사용 가능한 펜슬 비교

애플 펜슬 : 아이패드 위에 그림을 그릴 수 있는 도구입니다. 기종에 따라 1세대, 2세대로 나뉩니다. 애플 펜슬은 필압 조절이 가능해 펜슬에 주는 힘에 따라 브러시의 진하기가 달라지고, 펜슬을 기울여서 사용하면 브러시의 두께와 세밀한 농도 표현도 할 수 있어요.

정전식 터치펜 : 스마트폰에 드로잉을 하려면 정전식 터치펜이 필요해요. 정전식 터치펜은 손가락으로 터치하는 모든 기기에 사용합니다. 손가락보다 세밀한 펜촉으로 그림을 그릴 수 있어요. 애플 펜슬처럼 필압을 조절할 수는 없지만 저렴한 가격으로 디지털 드로잉을 접하고 싶다면 스마트폰에 정전식 터치펜을 활용해 보세요.

Note	정전식 터치펜의 투명한 팁은 무엇인가요?

정전식 터치펜 앞의 투명한 원형 팁은 액정을 보호하며 터치가 잘 되도록 도와주는 부품이기 때문에 뜯으면 안 됩니다! 뒷면에 둥근 촉이 있는 정전식 터치펜은 넓은 면을 그리거나 지울 때 사용하면 편리합니다.

Drawing 02 프레스코 시작하기

✏️ 어도비 프레스코 시작 화면 살펴보기

이제 어도비 프레스코를 알아볼까요? 아이패드와 아이폰의 기능은 거의 비슷하기 때문에 아이패드가 없는 그림 입문자도 스마트폰으로 쉽게 그림을 그릴 수 있어요. 여기서는 어도비 프레스코를 사용하는 방법을 아이패드와 아이폰으로 동시에 살펴볼 거예요. 프레스코를 사용하려면 먼저 앱을 설치해야 합니다. 앱스토어에서 **Adobe Fresco**를 검색하고 설치하세요. 앱을 실행하면 아래와 같은 로그인 화면이 나타납니다. 계정이 있다면 원하는 방법으로 로그인하고, 없다면 [등록]을 눌러서 회원 가입부터 한 후 로그인하세요.

로그인을 하고 처음 어도비를 실행하면 [홈]이 나옵니다. [홈] 화면을 보면, [홈], [학습], [검색], [내 파일] 등이 있습니다. 하단에는 [새로 만들기], [가져오기 및 열기]가 있습니다. 새로운 드로잉을 시작하면 작업 중인 작품을 [내 파일]에서 확인할 수 있습니다.

Tip. 스마트폰(아이폰)의 [홈]은 화면 하단에 [홈], [파일], [학습], [검색]이 있습니다. 우측 하단에 [새로 만들기]와 [가져오기 및 열기]가 있습니다.

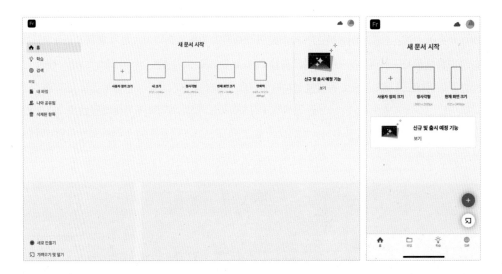

새로운 드로잉 시작하기

[홈]에서 [새로 만들기]를 누르면 다음과 같이 [최근], [저장됨], [디지털], [인쇄] 총 4가지 탭으로 구성된 팝업 창이 열립니다. [디지털] 탭에는 디지털 기기에 적합한 크기의 캔버스가 있으며, 디지털 이미지를 이루는 사각형의 작은 점인 픽셀(px) 단위로 작업합니다. [인쇄] 탭은 실제 인쇄용 종이 크기를 고려한 크기의 캔버스입니다. 나중에 출력할 종이 크기를 미리 골라서 수월하게 작업할 수 있습니다.

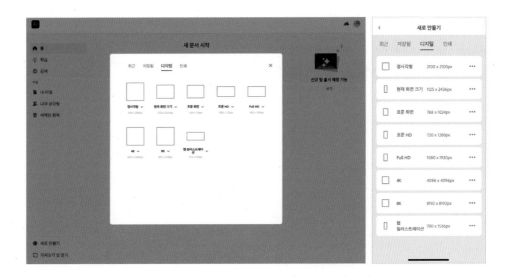

만약 자신이 그리고 싶은 캔버스의 크기가 없다면 [홈]에서 [사용자 정의 크기]를 선택하거나 [새로 만들기] 팝업 창의 [저장됨] 탭을 누르고 [사용자 정의 크기]를 만들어 보세요. 직접 캔버스의 폭과 높이를 지정해 나만의 캔버스로 작업할 수 있어요.

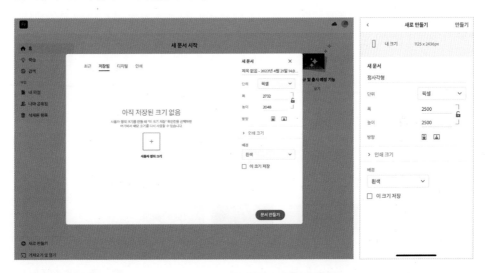

내 파일, 학습, 검색

내 파일 : 내가 작업한 파일이 클라우드 문서로 자동 업로드되기 때문에 어도비 크리에이티브 클라우드에서 파일을 꺼내 데스크톱에서 이어서 진행할 수 있습니다.

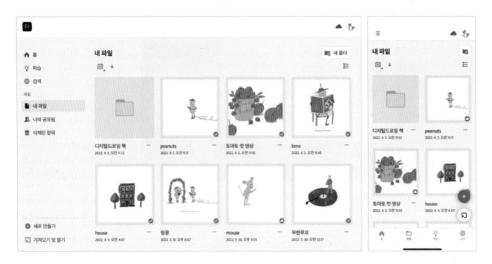

학습 : 초보자를 위한 실습형 튜토리얼이 있습니다. 각 도구의 위치와 작동 방식을 살펴볼 수 있고 [브러시], [레이어], [선택] 등 기능들을 예제 그림과 함께 익힐 수 있습니다.

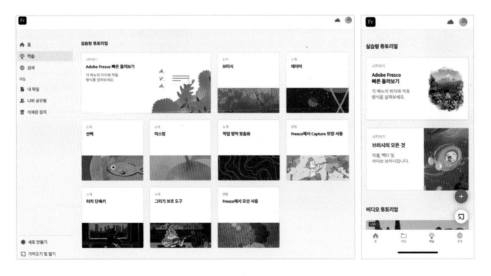

검색 : 어도비 프레스코를 활용한 아티스트들의 작업 영상을 시청할 수 있습니다. 또한 Behance에 올라오는 작품 중 인기있는 최신 프로젝트를 확인할 수 있습니다. Behance는 어도비 크리에이티브 클라우드로 만든 작품을 전시하고 검색할 수 있는 웹사이트(https://www.behance.net/)입니다.

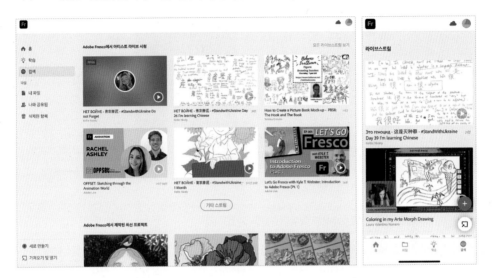

앱 설정의 일반, 입력 메뉴

[홈] 시작 화면의 우측 상단 파란색 프로필을 누르면 [앱 설정] 창이 나타납니다. [앱 설정] 창은 [일반], [입력], [계정], [정보] 등으로 구성되어 있으며, 애플 펜슬의 필압을 조정하거나 자신의 계정을 확인할 수 있습니다. 여기서는 캔버스 화면의 인터페이스와 제스처 등을 설정할 수 있는 [일반]과 [입력]의 세부 옵션을 살펴보겠습니다.

일반 : [툴바] 옵션은 캔버스 인터페이스에서 툴바의 위치를 설정할 수 있습니다. [모양] 옵션은 화면의 색상을 밝게 또는 어둡게 설정을 할 수 있습니다. [빠른 내보내기 설정] 옵션은 파일을 어떤 형식으로 저장할지 선택할 수 있습니다.

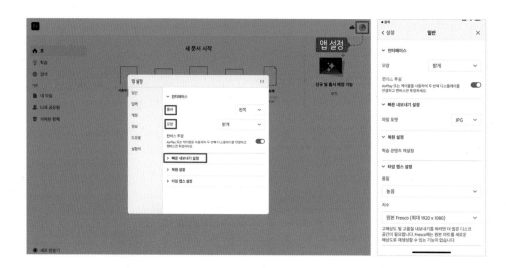

Note 아이패드(애플 펜슬)를 이용한 특수 기능들을 소개합니다

실수로 불필요한 선 긋기 방지 : [앱 설정]-[입력] 옵션에서 [터치]-[손가락 설정]-[제스처만]으로 설정하면 드로잉을 할 때 손이 화면에 닿는 터치는 약속된 제스처만 인식하기 때문에 불필요한 선이 그어지는 것을 방지할 수 있습니다.

[더블 탭]으로 자주 쓰는 도구 불러오기 : 애플 펜슬 2세대에서만 가능한 기능으로 [앱 설정]-[입력] 옵션에서 [Apple Pencil]-[더블 탭]으로 자주 쓰는 도구를 불러올 수 있습니다. 2세대 펜슬의 납작한 옆 부분을 손가락으로 두 번 톡톡 탭하면 브러시에서 지우개로 바로 전환할 수 있습니다. 다른 기능으로 변경할 수도 있으니 자신이 자주 사용하는 기능으로 설정하세요.

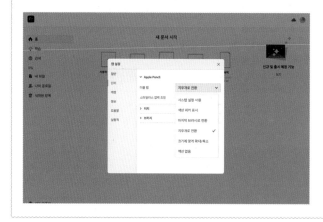

입력 : [스냅라인] 옵션은 펜으로 선을 그을 때 선의 끝 획을 유지하고 길게 계속 누르고 있으면 자동으로 직선이 만들어지는 기능입니다. 처음엔 활성화가 되지 않기 때문에 이 기능을 켜두면 드로잉을 할 때 편리합니다.

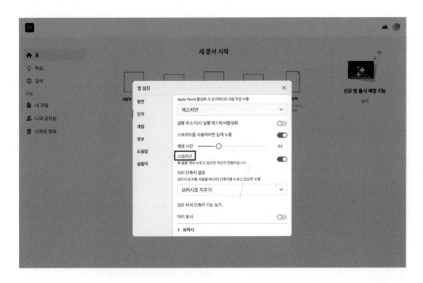

[터치 표시] 옵션은 현재 터치하고 있는 위치를 표시하는 기능으로 화면에서 파란색 원형으로 나타납니다.

🖊 제스처, 터치 단축키 살펴보기

제스처 보기

[제스처]는 그림을 작업하면서 실행 취소나 다시 실행 같은 작업을 손가락 제스처로 바로 실행하는 기능입니다. [앱 설정]-[도움말]-[제스처 보기]에 사용할 수 있는 제스처 목록이 나옵니다.

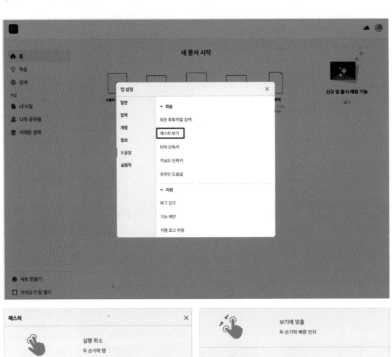

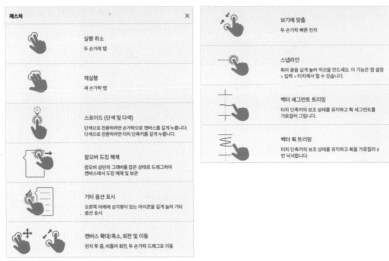

스포이드 사용법

[스포이드]는 캔버스에서 색을 추출하는 기능입니다. 좌측 툴바에서 [스포이드]를 선택하고 추출할 색이 있는 위치를 손가락으로 터치합니다. 캔버스의 우측 상단에서 선택된 색상을 확인할 수 있습니다.

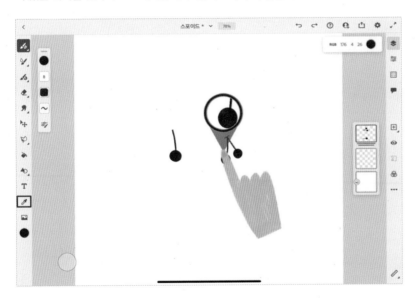

터치 단축키

[터치 단축키]는 현재 선택한 도구에서 자주 사용하는 추가 기능을 빠르게 활용하는 단축키입니다. 캔버스 화면의 좌측 하단에 [터치 단축키]가 있습니다. 터치 단축키를 익히면 도구를 간편하게 활용할 수 있습니다.

[터치 단축키]를 누른 상태에서 도구를 사용하면 해당 도구에서 자주 사용하는 액션으로 기능이 변경

됩니다. [앱 설정]-[입력]-[모든 터치 단축키 기능 보기]에서 **터치 단축키 맵**을 확인할 수 있습니다.

Tip. 터치 단축키는 선택한 도구에 따라 달라지기 때문에 실습을 통해 자연스럽게 익히는 것이 더 효율적입니다. 지금은 터치 단축키의 사용법과 개념만 알아도 괜찮습니다.

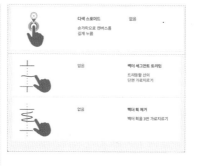

이제 캔버스 화면을 보면서 터치 단축키를 직접 실행해 볼까요? 캔버스 화면을 봅시다. 좌측 하단에 **[터치 단축키]**를 드래그해서 자신이 편한 위치로 옮겨 주세요.

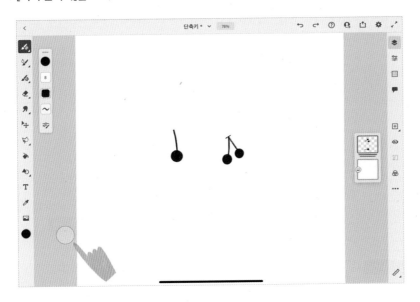

[터치 단축키]를 누르면 아래와 같이 반투명의 원형이 나타납니다.

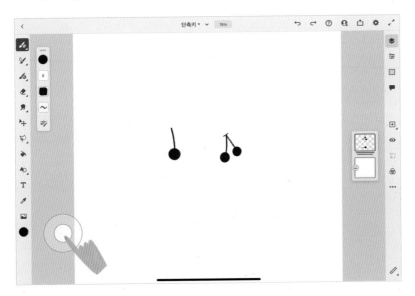

만약, [터치 단축키]를 계속 누른 상태로 작업하기 불편하면 **두 번 연속 터치**해도 단축키가 활성화됩니다. 같은 방법으로 **두 번 연속 터치**를 하면 단축키가 해제됩니다. [터치 단축키]를 누른 상태에서 레이어를 누르면 [다중 선택]을 할 수 있습니다. 또한 [터치 단축키]를 누른 상태에서 [레이어]를 두 번 터치하면 [레이어 숨기기]도 가능합니다.

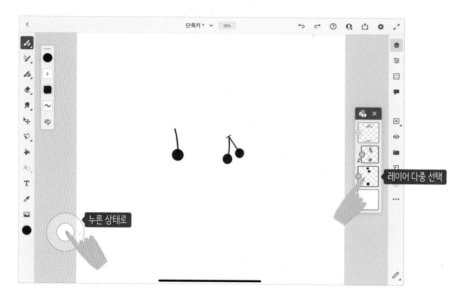

🖊 어도비 프레스코 캔버스 인터페이스 알아보기

빠르게 훑어보는 캔버스 도구들

어도비 프레스코의 캔버스 인터페이스를 알아보겠습니다. 툴바의 도구 배치가 어도비 포토샵과 비슷해서 어도비 포토샵을 사용해 보신 분이라면 익숙하실 거예요. 양옆의 툴바를 살펴볼까요?

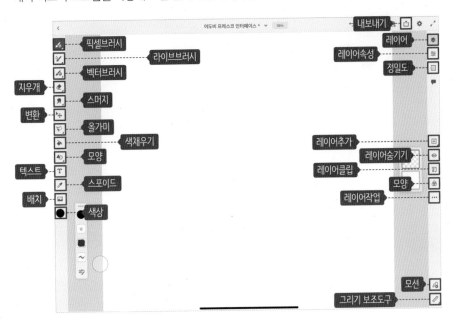

좌측 툴바 : [픽셀 브러시], [라이브 브러시], [벡터 브러시] 등 그리기 도구 중심의 옵션으로 구성되어 있습니다.

우측 툴바 : 드로잉을 편리하게 도와주는 옵션으로 구성되어 있습니다. [레이어], [레이어 속성], [정밀도] 등이 있으며, 레이어 기능은 뒤에서 자세히 다루기 때문에 먼저 [정밀도]를 간단히 알아보겠습니다.

[스냅]은 이미지를 정확한 각도만큼 회전시키는 기능입니다. **회전 스냅핑**에서 설정한 각도(30°, 45°, 90°)만큼 이미지가 회전할 때마다 각도가 파란색으로 표시됩니다. 이미지 회전은 좌측 툴바의 [변환] 도구를 클릭하면 나타납니다.

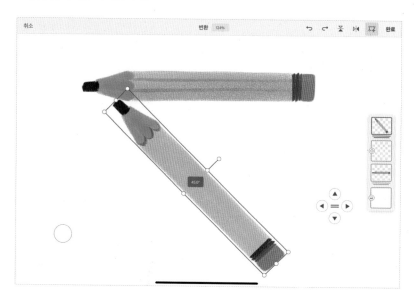

[눈금선]은 **그래프** 또는 **원근** 형태로 그리드를 설정하고, 격자 색상과 간격 등을 조절할 수 있습니다.

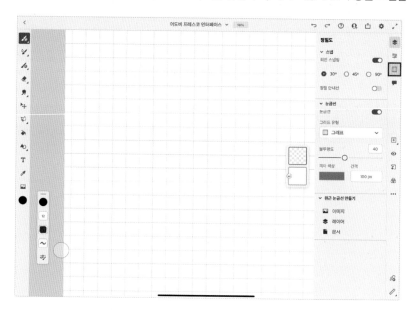

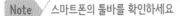

Note 스마트폰의 툴바를 확인하세요

1. 아이패드의 우측 툴바 기능이 스마트폰에서는 캔버스 하단에 배치되어 있습니다.

2. [회전 스냅핑]은 [설정 및 도움말]–[설정]에서 확인할 수 있으며 [눈금선] 기능은 지원하지 않습니다.

레이어의 역할

레이어(Layer)란, 모든 요소를 한꺼번에 그리지 않고 각각의 요소를 따로 그려 한 장의 그림을 구성하는 기능입니다. 레이어를 사용하면 자신이 원하는 단계에서 해당 요소만 쉽게 수정할 수 있습니다. 그래서 디지털 드로잉을 할 때, 이미지 요소가 바뀌면 레이어를 추가하는 습관을 만들면 좋습니다. 우측 툴바의 **[레이어 추가]**를 눌러 새로운 레이어를 추가하면서 각 부분을 그려 줍니다.

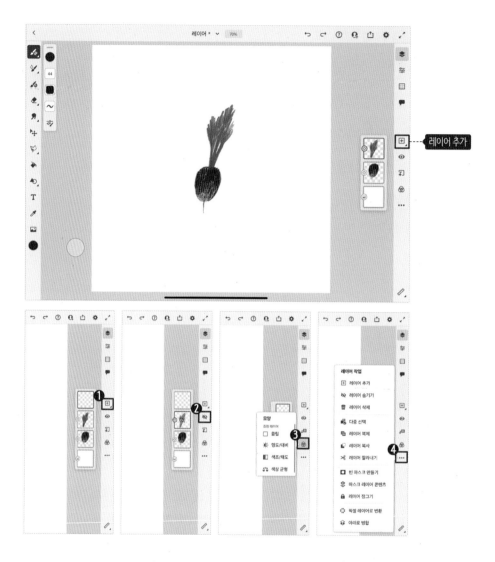

① **레이어 추가** : 새로운 레이어를 추가해 작업할 수 있습니다.

② **레이어 숨기기** : 레이어를 잠시 숨깁니다. 눈 모양을 다시 클릭하면 레이어 숨김 기능이 해제됩니다.

③ **모양** : 명도, 대비, 색조, 채도 등을 변경할 수 있습니다.

④ **레이어 작업** : 레이어를 추가하거나 복제 등의 작업을 할 수 있습니다.

Drawing 03 　브러시랑 친해지기

✎ 브러시 알아보기

브러시의 색상 변경

브러시의 색상을 확인해 볼까요? [색상]-[색상 휠]에서 사용하고 싶은 색상을 선택할 수 있습니다. 우
리 책에서는 실습을 위한 이미지의 색상을 RGB 컬러로 표시했습니다. [RGB 슬라이더]로 변경하여 저
와 같은 색상으로 연습하셔도 좋습니다.

브러시 도구 옵션

좌측 툴바에 [브러시 도구 옵션]이 보이시나요? 만약 보이지 않는다면, 임의로 [픽셀 브러시]를 선택해 주세요. 좌측 툴바와 분리된 옵션 목록이 보일 거예요. 이 옵션 목록은 [브러시 도구 옵션]입니다. 브러시 크기, 플로우 등 기본 설정을 조절할 수 있습니다.

[크기]는 브러시의 **굵기**를 조절합니다.

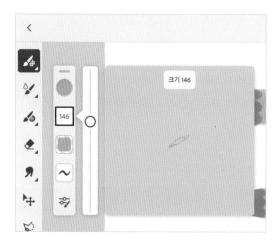

[플로우]는 브러시의 **투명도**를 조절합니다.

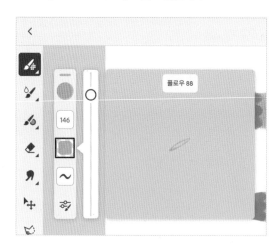

현재는 [픽셀 브러시]를 선택했으니 [매끄럽게 하기]라는 옵션이 보이시죠? 이 부분은 브러시의 종류에 따라 설정이 달라집니다. 지금 선택된 [픽셀 브러시]의 [매끄럽게 하기]는 숫자가 높아질수록 브러시가 매끄럽게 표현됩니다.

[라이브 브러시]에서 [수채화]를 사용할 때는 [워터 플로우]가 설정됩니다. [워터 플로우]는 숫자가 높아질수록 물감에 물이 많다고 생각하시면 됩니다. 숫자가 낮으면 물보다 물감의 비율이 높아지겠죠?

[라이브 브러시]에서 [유화]를 사용할 때는 [페인트 혼합]이 설정됩니다. [페인트 혼합]은 숫자가 높아질수록 2가지 이상의 색상이 진하게 혼합됩니다. 숫자가 낮아질수록 물감이 혼합되지 않고 각각의 색을 유지합니다.

[벡터 브러시]는 [픽셀 브러시]처럼 [매끄럽게 하기]가 설정됩니다.

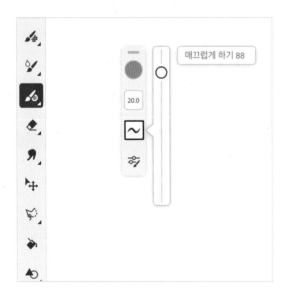

픽셀 브러시

어도비 프레스코의 브러시는 크게 [픽셀 브러시], [라이브 브러시], [벡터 브러시]로 나뉩니다. 디지털 드로잉이지만 손맛나는 그림의 비결이 바로 다양한 브러시 덕분이지요!

[픽셀 브러시]는 픽셀로 만든 브러시입니다. 어도비 프레스코는 **무료로 사용할 수 있는 50개 이상의 포 토샵 브러시**가 있습니다. 연필, 파스텔, 잉크 등의 다양한 디지털 브러시가 있고, 질감 표현이 매력적인 브러시도 많답니다. [픽셀 브러시]를 써서 드로잉을 하다가 [터치 단축키]를 누르고 있으면 곧바로 해 당 브러시 질감의 [지우개]가 됩니다.

라이브 브러시

[라이브 브러시]에는 픽셀 기반의 [유화]와 [수채화]가 있습니다. [수채화]는 물감의 번짐이나 색 혼합 을 실감나게 표현할 수 있습니다. 총 5가지 옵션이 있지만 이 책에서는 [수채화 효과 원형 디테일]을 주로 사용할 거예요. [터치 단축키]를 누른 상태에서 [수채화]를 사용하면 [순수한 물]이 나타납니다. [순수한 물]은 물감으로 그린 그림 위에 물로 번짐 효과를 줄 때 사용합니다.

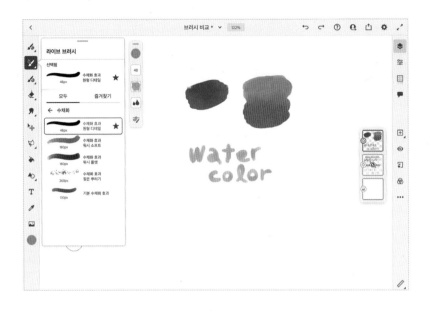

[유화]는 총 7가지입니다. 이 책에서는 [유화 라운드]를 주로 사용할 거예요. [유화]는 브러시 종류에 따라 물감의 질감과 광택, 붓의 질감에 차이가 느껴집니다. 유화 특유의 질감 표현이 탁월하고 여러 물감의 혼합도 매력이 있습니다. [터치 단축키]를 누른 상태에서 [유화]를 사용하면 [드라이 브러시]가 실행되며, 물감이 없는 상태의 브러시로 자연스러운 그러데이션을 만들거나 색상을 혼합할 때 사용합니다.

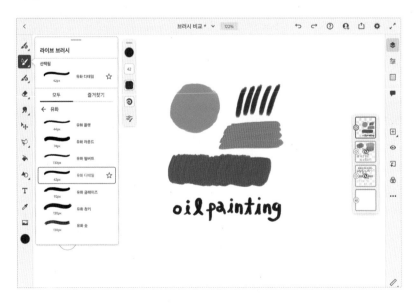

벡터 브러시

[벡터 브러시]는 벡터 방식을 사용한 브러시입니다. 따라서 선을 그었을 때 픽셀 브러시와 달리 확대해도 이미지가 깨지지 않습니다. [터치 단축키]를 누른 상태에서 선을 그리면 해당 브러시 질감의 [지우개]가 됩니다.

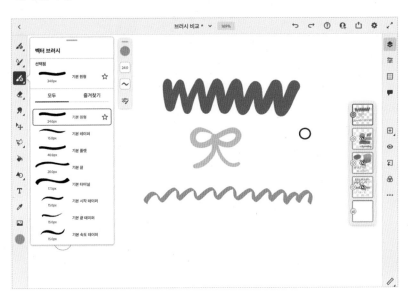

Note / 레이어의 종류가 달라져요

다양한 브러시를 쓰면서 우측에 쌓이는 레이어 창마다 작은 원형 아이콘이 만들어지는 것이 보이시나요? 레이어의 종류에 따라 해당 레이어가 어떤 유형의 도구를 사용했는지 쉽게 확인할 수 있습니다. 픽셀 브러시, 벡터 브러시와 연필 모양의 이미지를 가져온 각각의 아이콘을 살펴보세요.

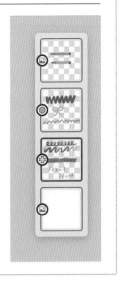

🖊️ 브러시 비교하기

[픽셀 브러시], [라이브 브러시], [벡터 브러시]를 사용해 같은 그림이지만 브러시 종류에 따라 달라지는 질감과 효과를 비교할 거예요.

▦ R 255, G 192, B 23   ▦ R 231, G 158, B 77   ■ R 40, G 37, B 34   ■ R 109, G 109, B 108
▦ R 255, G 132, B 125

고고 브러시로 부드러운 느낌 그리기

1 [픽셀 브러시]-[페인팅]-[고고 브러시]를 선택해 주세요. 노란색 ▦[R:255, G:192, B:23]으로 [고고 브러시]를 사용해 연필 몸통을 그려 주세요.

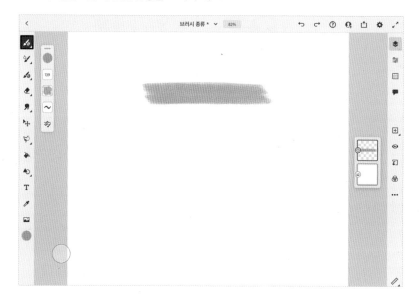

2 [지우개]를 사용해 양 끝을 지워 정리합니다.

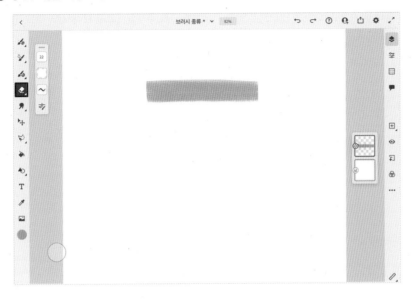

3 새로운 레이어를 추가하고 황토색 ■[R:231, G:158, B:77] , 짙은 회색 ■[R:40, G:37, B:34]로 나무 부분과 연필심을 그려 주세요. 그리다가 튀어나온 부분은 [지우개]로 깔끔하게 정리하세요.

❹ 브러시의 사이즈를 줄여서 회색 ■[R:109, G:109, B:108]로 연필 꽁지의 철 조각을 그리세요. 그 다음 분홍색 ■[R:255, G:132, B:125]로 연필 지우개를 그려 주세요. **[고고 브러시]**의 부드러운 질 감이 느껴지는 연필이 완성되었습니다.

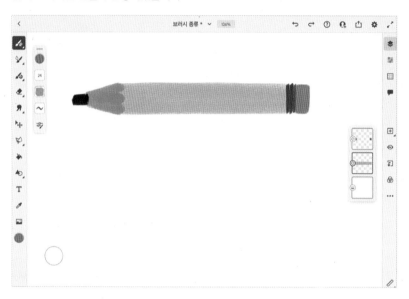

수채화 브러시로 맑은 느낌 그리기

❶ 새로운 레이어를 추가하고 노란색 ■[R:255, G:192, B:23]으로 연필 몸통을 그려 주세요. 이때 물 감의 번짐이 생길 수 있도록 **[워터 플로우]**를 높여 주세요.

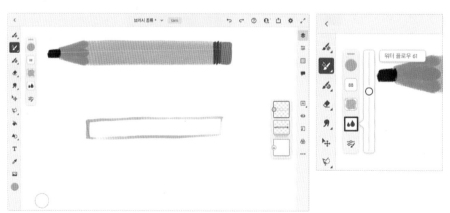

② 수채화 물감의 번짐을 보면서 내부를 채색해 주세요.

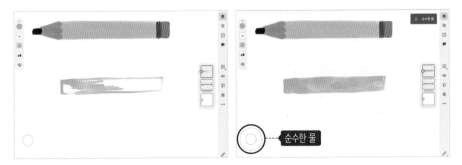

Tip. **[터치 단축키]**를 누른 상태로 **[순수한 물]**을 사용하면 빈 공간을 맑은 수채화 느낌으로 표현할 수 있어요.

③ 새로운 레이어를 추가하고 황토색 ■[R:231, G:158, B:77]로 나무 부분을 그려 주세요.

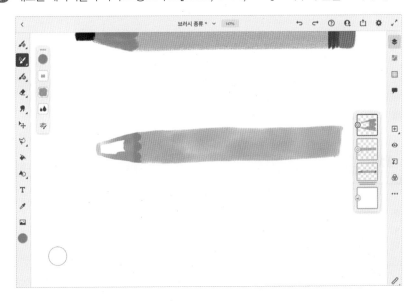

④ 새로운 레이어를 추가하고 짙은 회색 ■[R:40, G:37, B:34]로 연필심을 그려 주세요. [지우개]로
외곽을 정리해 주세요.

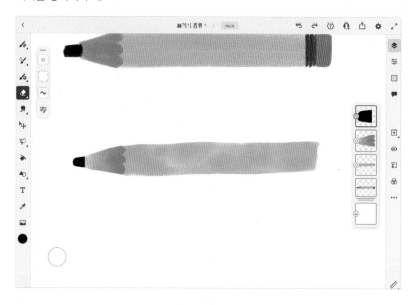

⑤ 회색 ■[R:109, G:109, B:108]로 연필 꽁지의 철 조각을 그려 주세요.

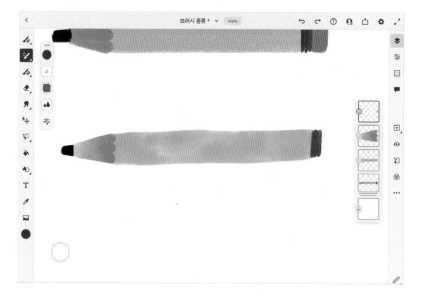

한 레이어 안에서 여러 요소를 그리면 수채화 물감이 번질 수 있으므로 드로잉이 끝나면 말리는 작업이 필요합니다. 앞서 철 조각을 그린 레이어를 한 번 더 눌러서 [레이어 작업]을 열고, [드라이 레이어] 기능을 선택하세요. 해당 레이어의 물감이 말라서 더는 번지지 않아요! 단, 모든 요소를 서로 다른 레이어에 그릴 때는 [드라이 레이어] 기능을 사용할 필요가 없습니다.

6 새로운 레이어를 추가하고 분홍색 ■[R:255, G:132, B:125]로 연필 지우개를 그려서 채색하세요.

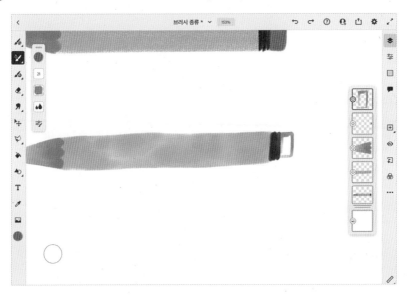

⑦ 수채화로 그린 연필이 완성되었습니다.

유화 브러시로 강렬한 느낌 그리기

❶ 새로운 레이어를 추가하고 **[라이브 브러시]**-**[유화]**-**[유화 라운드]**, 노란색 ▬[R:255, G:192,
B:23]으로 연필 몸통을 그려서 채색해 주세요.

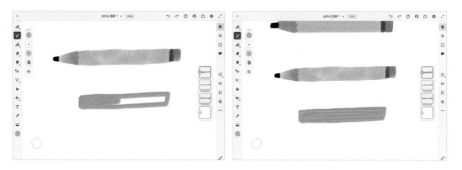

Tip. 유화 브러시는 사용하는 방향에 따라 질감이 달라집니다. 여기서는 가로 방향으로 채색해 주세요.

② 새로운 레이어를 추가하고 황토색 ■[R:231, G:158, B:77]로 나무 부분을 그려 주세요.

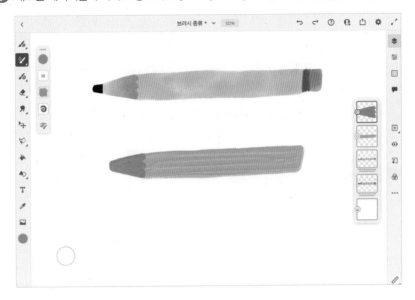

③ 새로운 레이어를 추가하고 짙은 회색 ■[R:40, G:37, B:34]로 연필심을 그려 주세요.

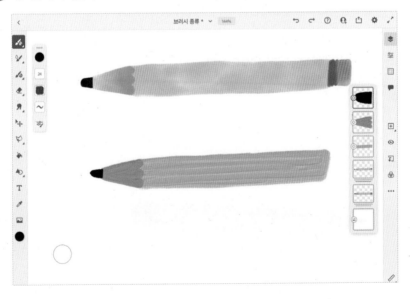

④ 회색 ■[R:109, G:109, B:108]로 연필 꽁지의 철 조각을 그려 주세요.

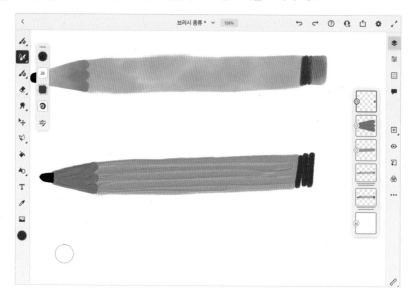

⑤ 새로운 레이어를 연필 몸통 레이어 위에 추가하고 분홍색 ■[R:255, G:132, B:125]로 연필 지우개를 그려 주세요. 유화로 그린 연필이 완성되었습니다. 다른 브러시보다 질감이 두드러지는 매력이 있죠?

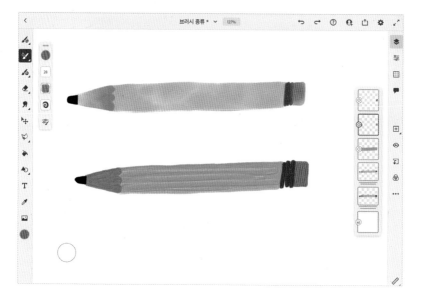

벡터 브러시로 깔끔하게 그리기

① [벡터 브러시]-[기본 원형]으로 연필 몸통을 그려 주세요. [지우개]로 외곽을 정리하세요.

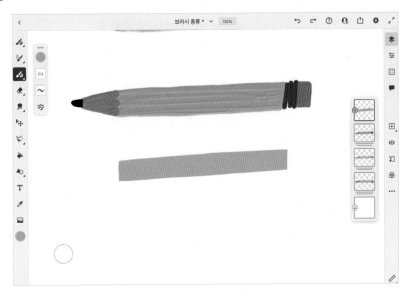

② 새로운 레이어를 2개 추가하고 나무 부분과 연필심을 각각 그려 주세요.

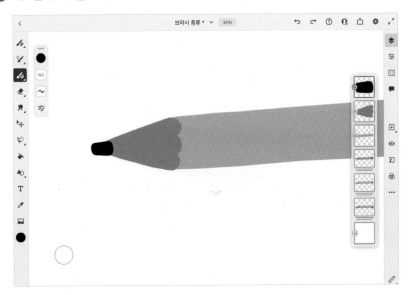

③ 연필 꽁지의 철 조각과 연필 지우개를 그려 주세요. **[벡터 브러시]**로 그린 연필이 완성되었습니다.

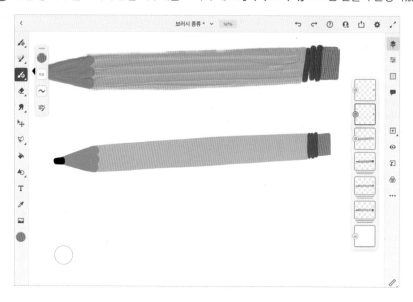

④ [픽셀 브러시], [라이브 브러시], [벡터 브러시]로 그린 4개의 연필이 완성되었습니다. 이처럼 브러시의 종류와 사용 방법에 따라 같은 그림과 색상이라도 다양한 느낌을 표현할 수 있어요!

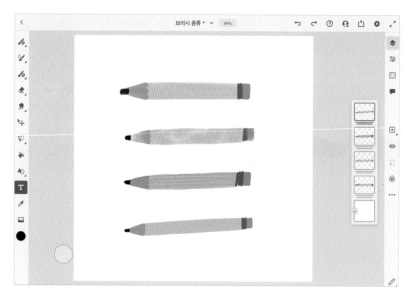

Drawing 04　추가 도구와 마무리 작업하기

✏️ 드로잉 완료 후 추가 및 마무리 작업

스케치에 텍스트 넣기

[텍스트]를 선택하고 캔버스 공간을 터치하면 글자를 적을 수 있는 상자가 생깁니다. 글자 서체와 글자 크기 등을 조절할 수 있답니다. 지금까지 그린 연필들에 브러시 이름을 써 볼까요? 각각 pixel brush, water brush, oil painting brush, vector brush를 적어 주세요.

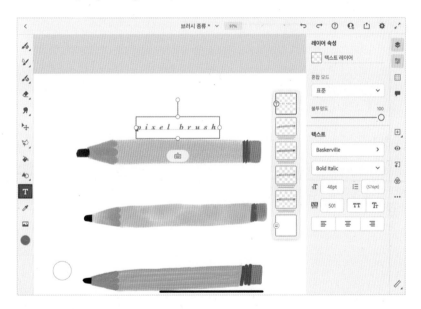

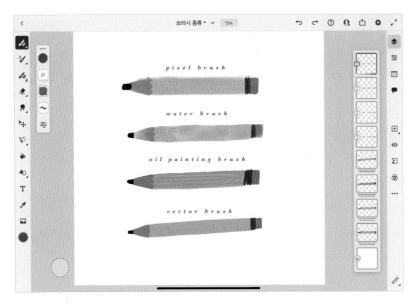

Tip. 여러 텍스트를 작성하려면 각각 레이어가 필요합니다. [텍스트]를 실행하면 자동으로 한 레이어에 한 텍스트 상자가 생깁니다. 텍스트의 위치나 크기를 다양하게 편집할 경우에는 여러 개의 텍스트 상자를 만들어야 수정하기 편리합니다.

레이어 클립 활용하기

[레이어 클립]을 사용하면 클립으로 연결된 레이어의 이미지에만 질감이나 색상을 깔끔하게 추가할 수 있어요. 그림을 더욱 풍성하게 만드는 효과입니다.

① 새로운 스케치를 시작합니다. 고고 브러시를 배운 방법으로 연필을 그려 주세요. 기억이 안나면 42쪽을 참고하세요. 다 그렸다면 새로운 레이어를 연필 몸통 레이어 위에 추가하세요.

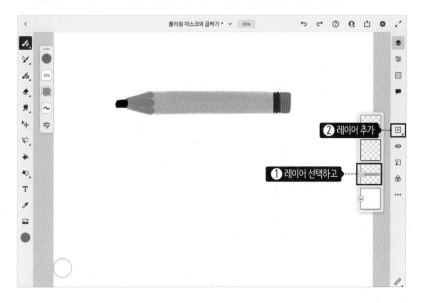

② [고고 브러시], 주황색 ▓[R:255, G:123, B:0]으로 연필 위에 선과 음영을 그려 주세요.

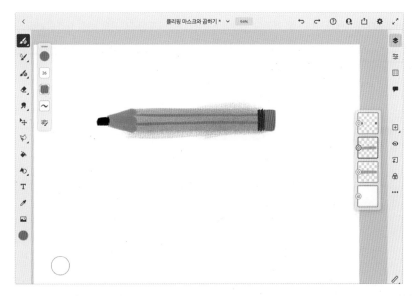

③ 우측 툴바의 **[레이어 클립]**을 눌러 주세요. 연필 몸통 안에 작업한 이미지가 들어갑니다.

혼합 모드(곱하기)

[혼합 모드]는 채색된 레이어를 표준, 어둡게, 곱하기 등의 속성으로 합성하여 색상을 혼합하는 기능입니다. 우리는 **[곱하기]** 속성을 사용할 거예요. **[레이어 속성]**에서 **[혼합 모드]**를 변경하겠습니다.

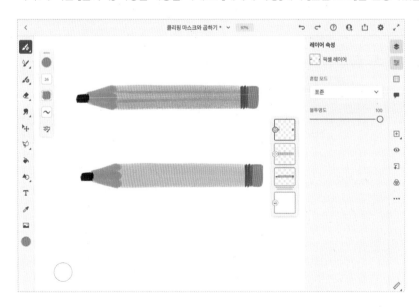

작업한 이미지를 [곱하기]로 설정하면 셀로판지처럼 색상을 겹쳐서 표현할 수 있습니다.

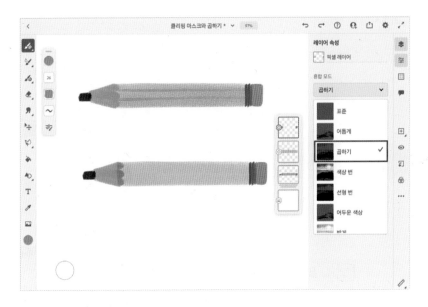

선택

이미지에서 특정한 부분만 위치를 이동하거나 크기를 변경할 때 [선택] 도구를 사용합니다. [선택] 도구는 총 4가지이며 [올가미 선택 도구], [브러시 선택 도구], [사각형 선택 윤곽 도구], [타원 선택 윤곽 도구]로 구성되어 있습니다.

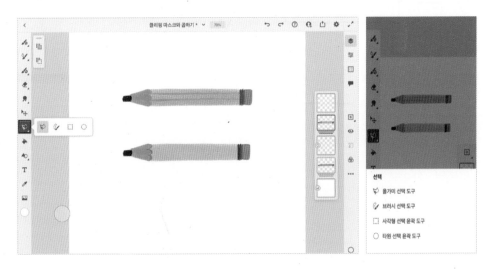

바꿀 영역을 [올가미 선택 도구]로 선택하고 하단의 [변환]으로 특정한 부분의 이미지를 이동하거나,
크기를 조절하고, 회전시킬 수 있습니다.

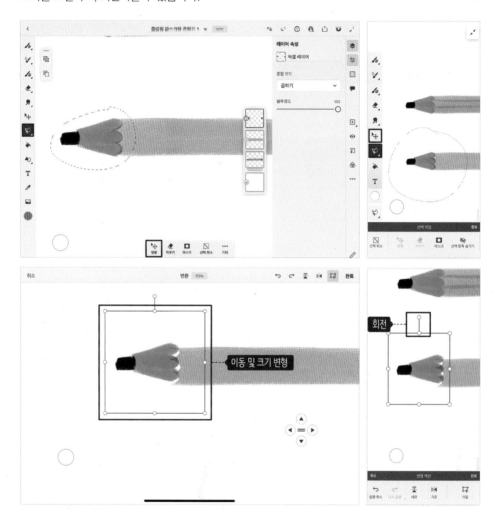

저장 및 저속 촬영 내보내기

이제 완성한 그림을 저장할 차례입니다. **[게시 및 내보내기]**를 클릭해 저장할 방법을 선택합니다.

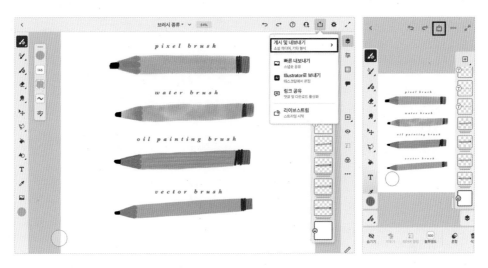

[게시 및 내보내기]-[다음으로 내보내기]로 원하는 파일 형식으로 저장할 수 있습니다. 저는 주로 아이패드에 **JPG 파일**로 저장합니다. 일반적으로 사용하는 방법입니다.

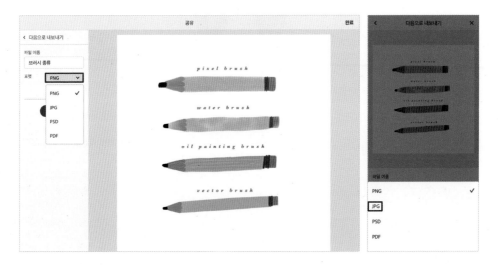

PLANT

PLANT POT

cherry cake

기본 선과 도형으로 연습해요

이제부터 앞에서 배운 드로잉 도구들과 친해지는 시간을 가져 볼까요? 도구를 배우자마자

어려운 그림을 그리기는 버거울 수 있어요. 저와 함께 가장 기본적인 선부터

점, 원, 삼각형 그리고 사각형까지 활용해 일상의 소품을 그려 보세요.

어느새 자주 쓰는 드로잉 도구의 위치를 자연스럽게 찾아낼 거예요.

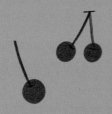

선으로 필기도구 그리기

책상 위에 있는 필기도구를 선으로 그려 볼게요. 선을 그리면 반듯하게 그려지지 않아 자꾸 지우기도 하는데요. 삐뚤거리는 선을 그대로 살린 매력적인 드로잉을 시작할까요?

- 화면 크기 : 정사각형(2,100×2,100px)
- 브러시 : [연필]
- 색상 : ■ R 48, G 103, B 201   ■ R 255, G 157, B 204   ■ R 96, G 189, B 150   ■ R 251, G 198, B 98
  ■ R 253, G 166, B 13
- 사용한 기기 : 스마트폰

① 정사각형(2,100×2,100px)으로 새로운 캔버스를 시작합니다. 브러시는 [픽셀 브러시]-[스케칭]-[연필], 색상은 파란색 ■[R:48, G:103, B:201]을 선택합니다.

② 좌측 툴바 하단의 [브러시 도구 옵션]에서 브러시의 크기를 키워 주세요. 삼각형을 그린 다음 연필심을 색칠하세요.

③ 연필 몸통을 그리고 연필 지우개를 그리세요. 잘못 그린 부분은 [지우개]로 정리하세요.

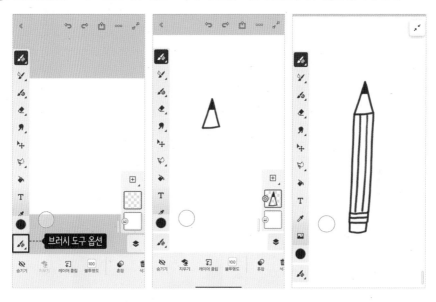

④ 새로운 레이어를 추가하고 분홍색 ■[R:255, G:157, B:204]로 굵은 색연필 심지를 그려 주세요.

⑤ 몸통을 그려 색연필을 완성합니다. 이렇게 스마트폰으로 그림을 그릴 때는 화면을 확대하면 훨씬 디테일하게 그릴 수 있습니다.

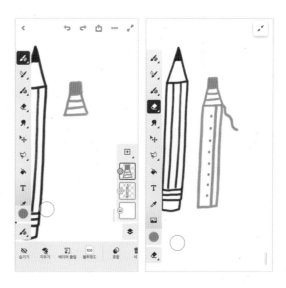

6 새로운 레이어를 추가하고 초록색 ■[R:96, G:189, B:150]으로 색연필 심지의 삼각형을 그려 주세요.

7 색연필 몸통을 그리고 채색하세요. 색연필을 세로 방향으로 채색하면 연필 브러시의 매력이 더욱 잘 표현됩니다.

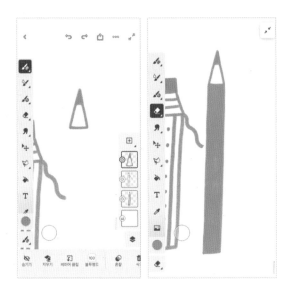

8 새로운 레이어를 추가하고 노란색 ■[R:251, G:198, B:98]로 매직펜의 심과 몸통을 그려서 채색하세요.

9 다시 새로운 레이어를 추가하고 진한 노란색 ■[R:253, G:166, B:13]으로 MARKER라고 쓰세요.

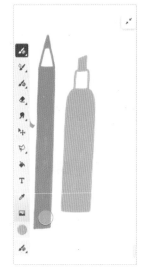

10 하단 툴바에서 [다중 선택]을 터치하고 노란색 매직펜과 MARKER라고 쓴 레이어를 선택해 다시 하단 툴바의 [그룹]으로 묶으세요.

11 두 레이어가 하나의 폴더로 묶였습니다. 그림을 그리면서 레이어가 너무 많아질 때는 [그룹]으로 분류하면 레이어들의 위치를 이동하거나 수정하기 편리합니다.

12 선으로 그린 필기 도구가 완성되었습니다.

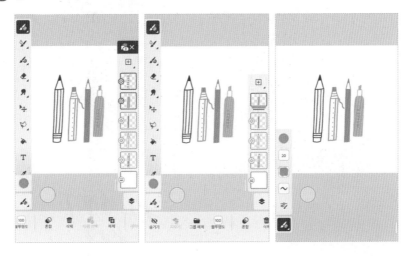

Tip. [레이어 클립]과 [그룹]은 여러 개의 레이어를 연결시키는 공통점이 있지만, 사용하는 경우는 다릅니다. [그룹]은 단순하게 여러 레이어를 하나의 폴더에 모으는 도구입니다. 하지만 [레이어 클립]으로 두 레이어를 연결하면, 상단 레이어가 하단 레이어의 하위 단위로 묶입니다. 그래서 하단 레이어에 이미 그림을 그린 부분에만 상단 레이어에 그림이 그려집니다.

Note / 아이패드의 다중 선택은 어디있나요?

우측 툴바의 하단 위치한 [레이어 작업]을 선택하면 [다중 선택]을 찾을 수 있어요. [다중 선택]으로 2개 이상의 레이어를 선택하면 [그룹] 도구가 나타납니다.

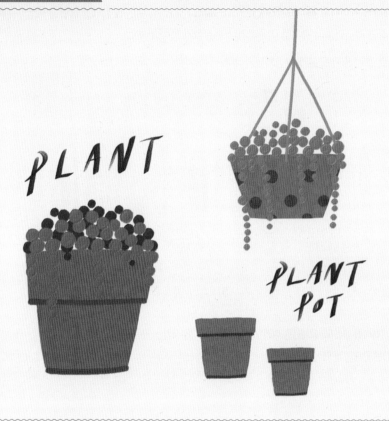

여러 개의 점이 모여 덩어리를 이루면 밀도감이 있는 소품을 그릴 수 있어요. 작은 점들을 활용해
귀여운 식물이 심어진 화분을 그려요.

- 화면 크기 : 정사각형(2,100×2,100px)

- 브러시 : [하드 파스텔], [유화 라운드], [고정된 변수]

- 색상 : ■ R 222, G 110, B 53　■ R 180, G 94, B 51　■ R 61, G 149, B 46　■ R 41, G 104, B 30

　　　　■ R 209, G 128, B 45　■ R 162, G 87, B 11　■ R 107, G 169, B 61　■ R 163, G 168, B 159

　　　　■ R 213, G 129, B 60　■ R 77, G 77, B 77

- 사용한 기기 : 스마트폰

1 정사각형(2,100×2,100px)으로 새로운 캔버스를 시작합니다. [**픽셀 브러시**]-[**드라이 미디어**]-[**하드 파스텔**]로 짙은 갈색 ■[R:222, G:110, B: 53]을 선택하고 화분을 그리세요.

2 화분을 채색하고 [**지우개**]로 부스스한 테두리를 정리해 화분 모양으로 다듬어 주세요.

3 새로운 레이어를 추가하고 어두운 갈색 ■[R:180, G:94, B:51]로 화분의 입체감을 표현하세요.

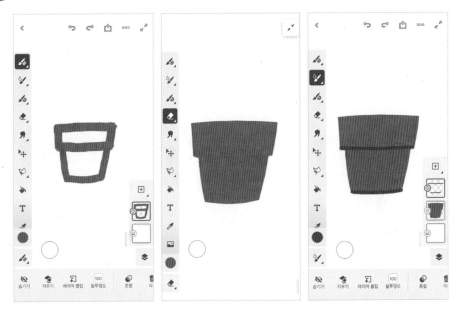

④ 두 개의 화분 레이어를 [다중 선택]–[그룹]으로 묶으세요.

⑤ 새로운 레이어를 추가합니다. [라이브 브러시]–[유화]–[유화 라운드]를 선택하고, 초록색 ■[R:61, G:149, B:46]으로 이파리를 그리세요.

⑥ 이파리 아래에 새로운 레이어를 추가합니다. 짙은 초록색 ■[R:41, G:104, B:30]으로 다른 이파리를 그려 빈 공간을 채워 줍니다.

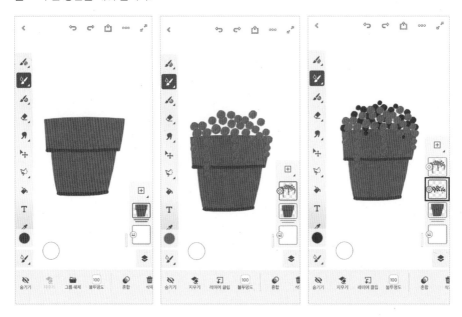

7 여기까지 완성된 화분을 하단 툴바에서 [다중 선택]–[그룹]으로 묶어 주세요. 새로운 레이어를 추가하고 [픽셀 브러시]–[드라이 미디어]–[하드 파스텔]로 황토색 ■[R:209, G:128, B:45] 화분을 그리세요.

8 화분을 채색하고 화면을 확대해서 튀어나온 부분을 [지우개]로 정리하세요.

9 하단 툴바에서 [투명도 잠금]을 찾아서 선택하세요. 방금 그린 화분 이미지를 제외한 캔버스의 흰 바탕이 그리기 잠금 상태가 됩니다. 이제 화분 안쪽만 그림이 그려지겠죠?

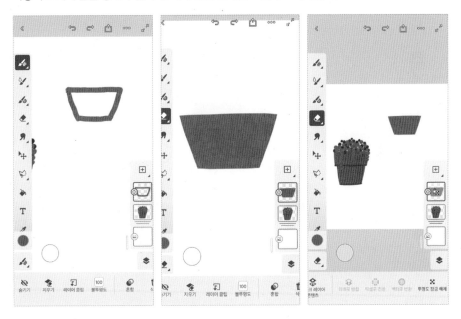

Tip. 빈 레이어는 [투명도 잠금]이 나타나지 않습니다.

Note 아이패드의 [투명도 잠금]은 어디있나요?

[투명도 잠금]을 하고 싶은 레이어를 클릭하면 [레이어 작업]–[투명도 잠금]을 찾을 수 있어요.

⑩ 다시 [픽셀 브러시]-[드라이 미디어]-[하드 파스텔]로 갈색 ■[R:162, G:87, B:11]을 선택해 작은 동그라미 무늬를 그리고 [레이어 작업]-[투명도 잠금 해제]를 합니다.

⑪ 레이어를 추가하고 [라이브 브러시]-[유화]-[유화 라운드]로 연두색 ■[R:107, G:169, B:61]을 선택해 크고 작은 점들을 둥글게 그리세요.

⑫ 레이어를 추가하고 브러시의 사이즈를 줄여 회색 ■[R:163, G:168, B:159]로 화분에 이어진 철제 줄을 그리세요.

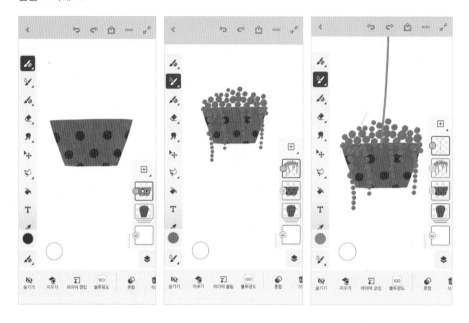

⓭ 중간에 교차하는 부분이 생기도록 줄을 추가로 그려 주세요.

⓮ 양쪽 줄이 식물 뒤에 배치 되도록 [지우개]로 이파리가 겹쳐지는 선을 살짝 지워 주세요. [지우개]
의 크기를 작게 만들면 훨씬 지우기 쉬워집니다.

⓯ 레이어를 추가하고 [픽셀 브러시]-[드라이 미디어]-[하드 파스텔]을 선택하세요. 황토색 ▨
[R:213, G:129, B:60]으로 아래 빈 공간에 새로운 화분을 그리세요. 새로운 레이어를 추가해 짙은
갈색 ■[R:162, G:87, B:11]로 구분선을 그려 주세요.

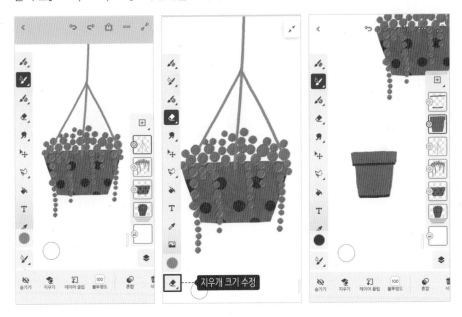

⑯ 세 화분을 이루는 레이어들을 각각 **[다중 선택]**에서 **[그룹]**으로 묶어 주세요.

⑰ 하단 툴바의 **[그룹 복제]**를 눌러 작은 화분을 복제합니다.

⑱ 좌측 툴바에서 **[변형 액션]**을 선택하면 화분이 사각형 모양의 파란색 상자로 묶입니다. 복제된 작은 화분을 옆으로 분리하고 원래 크기보다 작게 만들어 주세요.

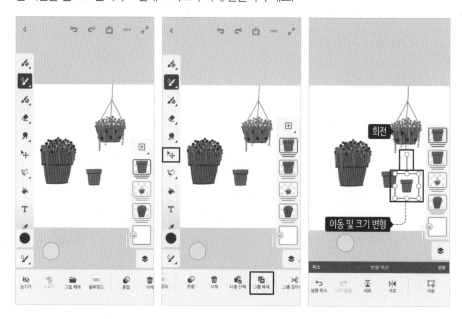

Tip. **[변형 액션]**을 터치하면 이미지를 둘러싼 파란색 상자가 나타납니다. 상자에 달려있는 수직선을 좌우로 움직이면 이미지가 회전합니다. 흰색 원형 버튼을 드래그하면 이미지가 확대/축소됩니다.

Note 아이패드에서 레이어 복제하기

해당 레이어를 터치해서 [레이어 작업] 창을 열고 [다중 선택]-[그룹]을 만든 뒤, [레이어 그룹 작업] 창에 있는 [레이어 그룹 복제]를 터치하면 작은 화분 레이어 그룹이 복제됩니다.

⑲ 새로운 레이어를 추가하고 **[픽셀 브러시]-[레터링]-[고정된 변수]**, 짙은 회색 ■[R:77, G:77, B:77]로 PLANT, PLANT POT이라고 적으세요.

⑳ **[변형 액션]**로 글자의 위치를 아래와 같이 배치합니다. 글자를 어디에 배치하느냐에 따라 완성된 이미지의 분위기가 달라집니다.

㉑ 이파리의 독특한 질감이 살아 있는 화분이 완성되었습니다.

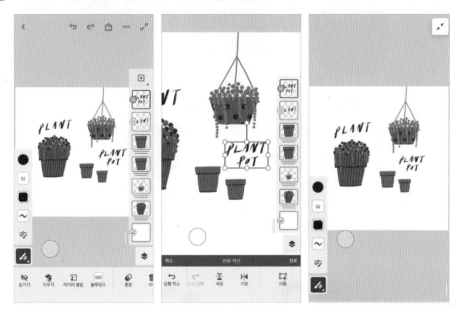

원으로 과일 그리기

주변을 둘러보면 동그란 사물이 많답니다. 원으로 둥글둥글한 오렌지, 사과, 체리를 그려요.

- 화면 크기 : 정사각형(2,100×2,100px)
- 브러시 : [마커 치즐], [고고 브러시], [고정된 변수]
- 색상 : ■ R 255, G 139, B 41　　■ R 86, G 149, B 87　　■ R 57, G 100, B 58　　■ R 243, G 72, B 40
　　　　　■ R 187 , G 43, B 15　　■ R 193, G 6, B 38　　■ R 123, G 7, B 27
- 사용한 기기 : 스마트폰

1 정사각형(2,100×2,100px)으로 새로운 캔버스를 시작합니다. 브러시는 [픽셀 브러시]-[마커]-[마커 치즐]을 사용하겠습니다. 주황색 ▦[R:255, G:139, B:41]로 원을 그리세요. 옆으로 모양이 비슷한 오렌지 2개를 더 그립니다.

2 새로운 레이어를 추가하고 하단 툴바의 [혼합]-[곱하기]를 설정합니다.

3 오렌지를 그린 레이어도 클릭해서 [곱하기]를 설정합니다.

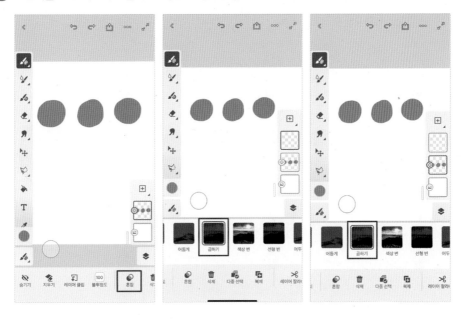

Note | 아이패드는 [곱하기]가 어디에 있나요?

아이패드 우측 툴바의 [레이어 속성]에서 [혼합 모드]-[곱하기]를 찾을 수 있어요.

④ 새롭게 추가한 레이어로 돌아와서 [픽셀 브러시]-[페인팅]-[고고 브러시]로 다음과 같이 채색하세요. 같은 색상이지만 [곱하기]로 색상이 겹쳐져 진하게 연출할 수 있습니다.

⑤ 껍질 레이어를 하단 툴바의 [레이어 클립]으로 오렌지 레이어에 연결합니다. 오렌지를 그린 면적에만 껍질 질감이 남았습니다.

⑥ 새로운 레이어를 추가하고 [픽셀 브러시]-[레터링]-[고정된 변수]로 오렌지에 점을 찍어 울퉁불퉁한 껍질에 입체감을 추가해 주세요.

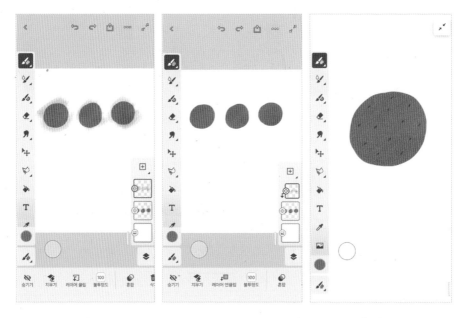

Tip. 레이어 클립을 사용하면 연결된 아래의 레이어 이미지 내부에만 질감이나 색상을 추가할 수 있습니다. 수정이나 질감 효과를 자유롭게 넣을 수 있어요.

Note / 아이패드는 [레이어 클립]이 어디 있나요?

아이패드는 우측 툴바에서 [레이어 클립] 기능을 찾아보세요.

7 새로운 레이어를 추가하고 초록색 ■[R:86, G:149, B:87]로 꼭지와 잎을 그립니다.

8 다른 오렌지도 꼭지와 잎을 그립니다.

9 새로운 레이어를 추가하고 짙은 초록색 ■[R:57, G:100, B:58]로 잎맥을 그립니다.

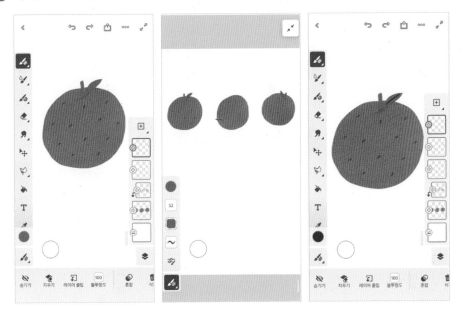

⑩ 완성된 오렌지는 [다중 선택]-[그룹]으로 묶으세요.

⑪ 새로운 레이어를 추가하고 [픽셀 브러시]-[마커]-[마커 치즐]을 선택합니다. 빨간색 ■[R:243, G:72, B:40]으로 사과를 그리세요.

⑫ 사과를 채색하고 옆에 사과를 하나 더 그리세요.

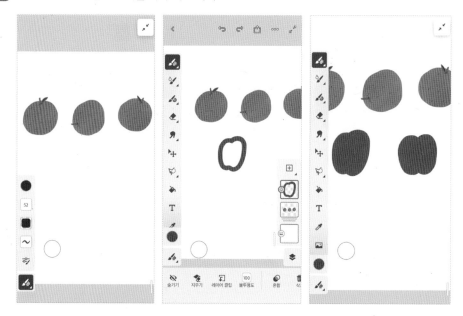

⑬ 새로운 레이어를 추가하고 사과 레이어와 추가한 레이어를 각각 [혼합]–[곱하기]로 설정하세요.

⑭ [픽셀 브러시]–[페인팅]–[고고 브러시]로 사과 겉면의 질감을 표현하세요.

⑮ 하단 툴바의 [레이어 클립]을 사용해 질감이 사과 내부에만 들어가도록 설정하세요.

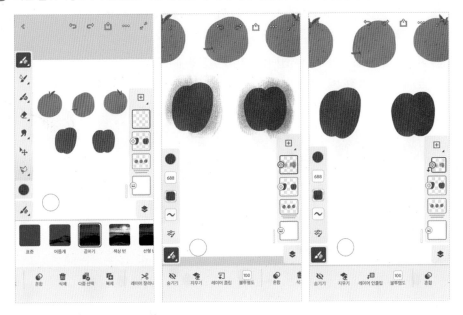

16 새로운 레이어를 추가하고 [픽셀 브러시]-[레터링]-[고정된 변수], 짙은 빨간색 ■[R:187, G:43, B:15]로 사과 꼭지의 홈을 그리고 짙은 초록 ■[R:57, G:100, B:58]로 꼭지를 그리세요. 완성된 사과 레이어는 [그룹]으로 묶으세요.

17 이번엔 체리를 그려보겠습니다. 새로운 레이어를 추가하고 [픽셀 브러시]-[마커]-[마커 치즐], 와인색 ■[R:193, G:6, B:38]로 작은 원을 그리고 채색하세요.

18 새로운 레이어를 추가하고 [혼합]-[곱하기]를 설정합니다. [픽셀 브러시]-[페인팅]-[고고 브러시]로 체리의 겉면 질감을 표현합니다.

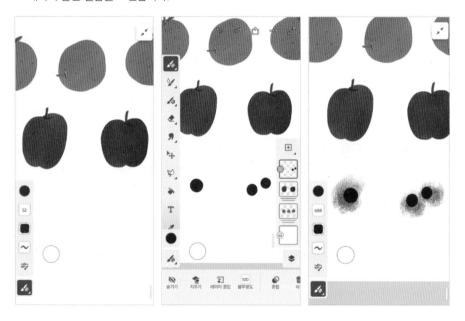

⑲ 하단의 [레이어 클립]으로 체리 내부에만 들어가도록 만듭니다.

⑳ 새로운 레이어를 추가하고 [픽셀 브러시]-[마커]-[마커 치즐]을 선택합니다. 짙은 와인색 ■ [R:123, G:7, B:27]로 체리의 꼭지를 그리세요. 스마트폰으로 그릴 때는 화면을 확대하고 그리면 훨씬 편합니다. 완성된 체리도 [그룹]으로 묶으세요. 과일 레이어가 각각 [그룹]으로 묶였나요?

㉑ 둥글둥글한 오렌지, 사과, 체리를 완성했습니다.

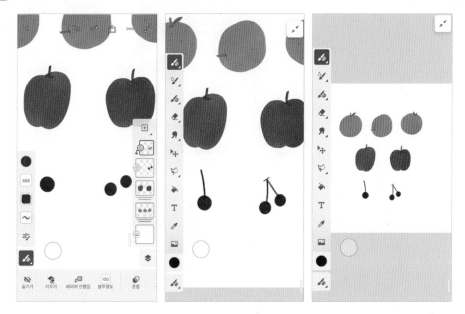

삼각형으로 케이크 그리기

보기만 해도 침이 고이는 달콤한 체리 케이크를 그려요. [유화 라운드]를 사용하면 정말로 생크림을
얹은 듯한 케이크를 그릴 수 있어요.

- 화면 크기 : 정사각형(2,100×2,100px)
- 브러시 : [유화 라운드], [고정된 변수]
- 색상 : ■ R 255, G 187, B 194　　■ R 251, G 202, B 140　　■ R 184, G 23, B 46　　■ R 133, G 7, B 25
　　　　□ R 254, G 241, B 243　　■ R 120, G 67, B 54　　□ R 255, G 255, B 255
- 사용한 기기 : 스마트폰

1 정사각형(2,100×2,100px)으로 새로운 캔버스를 시작합니다.

2 배경 색상을 넣을까요? 색상은 분홍색 ▨[R:255, G:187, B:194]로 설정하고 좌측 툴바의 [채우기]
를 눌러 배경을 채웁니다. 채우기 유형은 픽셀로 설정하세요.

3 분홍색으로 배경이 채워졌습니다.

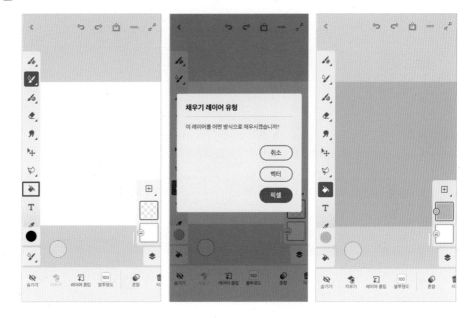

4 새로운 레이어를 추가하고 [라이브 브러시]–[유화]–[유화 라운드], 흰색 □[R:255, G:255, B:255]로 삼각형 모양을 만들고 그림과 같이 생크림 결을 고려하며 채색하세요.

5 생크림 아래에 새로운 레이어를 추가하고 케이크의 옆면을 그립니다.

6 케이크의 옆면을 세로 방향으로 채색하세요.

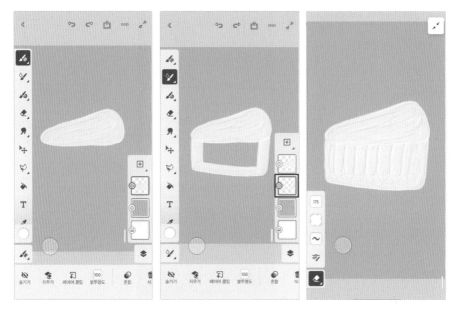

Tip. 유화 브러시는 실제로 붓질을 하는 것처럼 사용하는 방향대로 자국이 남는 특징을 활용하면 좋아요.

⑦ 새로운 레이어를 케이크 옆면 바로 위에 추가하고 [레이어 클립]을 설정합니다. 살구색 ▓[R:251, G:202, B:140]으로 케이크 속의 빵을 그리세요.

⑧ 빵 아래에 새로운 레이어를 추가하면 자동으로 [레이어 클립]이 설정됩니다. 와인색 ▓[R:184, G:23, B:46]으로 빵 사이에 체리를 그립니다.

⑨ 짙은 와인색 ▓[R:133, G:7, B:25]로 변경하고 [페인트 혼합]을 50으로 맞추고 빵 사이 체리에 입체감을 표현합니다. 다소 진한 색감을 중간 정도로 낮추었습니다.

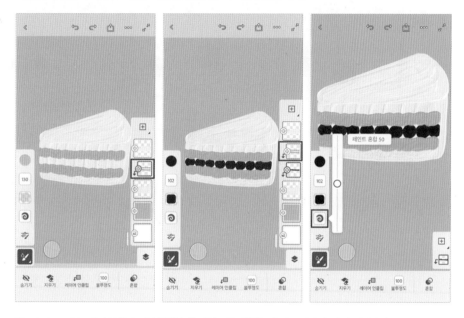

Tip. [페인트 혼합]의 숫자를 높게 설정할수록 페인트를 덧칠할 때 기존 색상과 더 잘 섞입니다.

⑩ 레이어를 추가하고 와인색 ■[R:184, G:23, B:46]으로 체리를 그린 다음, 다시 레이어를 추가하세요. 짙은 와인색 ■[R:133, G:7, B:25]로 체리 꼭지를 그리세요.

⑪ 체리 아래에 레이어를 추가하고 연한 분홍색 ▨[R:254, G:241, B:243]으로 크림을 그리세요.

⑫ 클립으로 이어진 빵과 체리 사이에 레이어를 추가하고 연한 분홍색으로 크림을 그리세요.

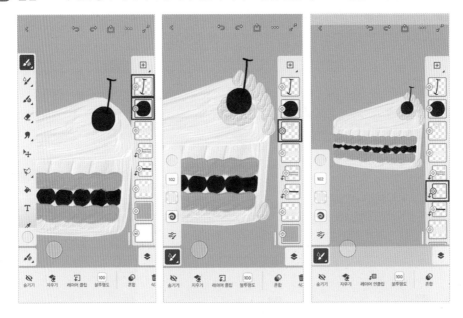

⑬ 체리 꼭지 위에 레이어를 추가하고 갈색 ■[R:120, G:67, B:54], 흰색 ☐[R:255, G:255, B:255]로 초코칩과 토핑을 콕콕 그리세요. 삐뚤삐뚤하게 배치하면 더욱 귀엽게 연출됩니다.

⑭ 마지막으로 새로운 레이어에 [픽셀 브러시]-[레터링]-[고정된 변수], 흰색 ☐[R:255, G:255, B:255]로 cherry cake라고 쓰세요. 달콤한 체리 케이크가 완성되었습니다.

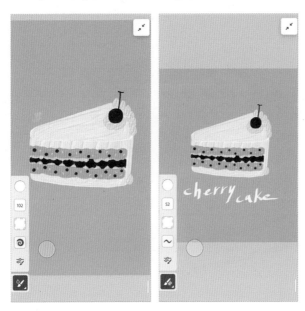

Drawing 05 사각형으로 책 그리기

마지막으로 사각형을 응용해 책을 그릴게요. [수채화 효과 원형 디테일]로 번짐 효과를 느껴 볼까요?

- 화면 크기 : 정사각형(2,100×2,100px)
- 브러시 : [수채화 효과 원형 디테일], [고정된 변수], [고고 브러시], [레이크 갭]
- 색상 : ■ R 41, G 220, B 255   ■ R 24, G 193, B 226   ■ R 220, G 227, B 228   ■ R 189, G 209, B 212
  □ R 255, G 255, B 255   ■ R 46, G 156, B 216   ■ R 250, G 128, B 30
- 사용한 기기 : 스마트폰

① 정사각형(2,100×2,100px)으로 새로운 캔버스를 시작합니다. 브러시는 **[라이브 브러시]**-**[수채화]**-**[수채화 효과 원형 디테일]**, 하늘색 ■[R:41, G:220, B:255]를 사용하겠습니다. 책 모양으로 사각형을 그리세요.

② 수채화 브러시의 특성을 살려 물감의 번짐을 보면서 채색하세요. 화면의 **[터치 단축키]**를 누른 상태에서 채색하면 물감이 없는 **[순수한 물]**로 물감을 섞을 수 있습니다.

③ **[지우개]**로 테두리의 울퉁불퉁한 부분을 정리해서 깔끔한 책을 만들어 주세요.

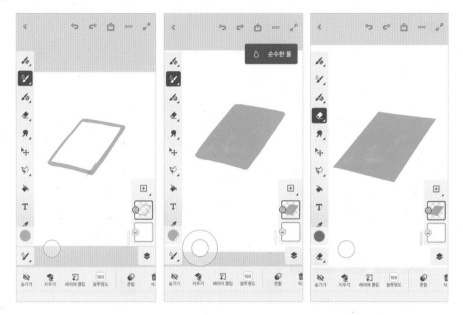

④ 레이어를 추가하고 하단 툴바의 [혼합]-[곱하기]로 설정하세요. [픽셀 브러시]-[레터링]-[고정된 변수], 짙은 하늘색 ■[R:24, G:193, B:226]으로 책의 옆면의 선을 연결하세요. 겹치는 부분은 진하게 표현이 되기 때문에 셀로판지가 겹치는 것처럼 재밌는 표현이 연출됩니다.

⑤ 책 옆면 아래에 레이어를 추가하고 [픽셀 브러시]-[페인팅]-[고고 브러시], 옅은 회색 ■[R:220, G:227, B:228]로 책의 옆면을 채색해 주세요. 테두리는 [지우개]로 정리하세요.

⑥ 레이어를 추가하고 [픽셀 브러시]-[갈퀴]-[레이크 갭], 회색 ■[R:189, G:209, B:212]로 책 내지를 그리세요.

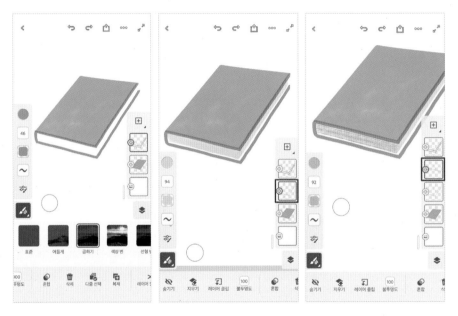

Tip. [레이크 갭]은 겹친 종이 또는 세로선을 표현할 때 유용한 브러시입니다.

7️⃣ 레이어를 추가하고 [픽셀 브러시]-[페인팅]-[고고 브러시], 흰색 □[R:255, G:255, B:255]로 앞표지를 간단하게 꾸며 주세요.

8️⃣ [지우개]로 모서리를 대각선으로 정리하세요. 책 레이어들을 [그룹]으로 묶으세요. 레이어를 추가하고 [픽셀 브러시]-[레터링]-[고정된 변수], 진한 하늘색 ■[R:46, G:156, B:216]으로 BOOK을 적고 책 표지의 무늬를 그리세요. 주황색 ■[R:250, G:128, B:30]으로 가름끈을 그리고 표지를 꾸며 주세요.

9️⃣ [지우개]로 주변을 정리하세요. 책이 완성되었습니다.

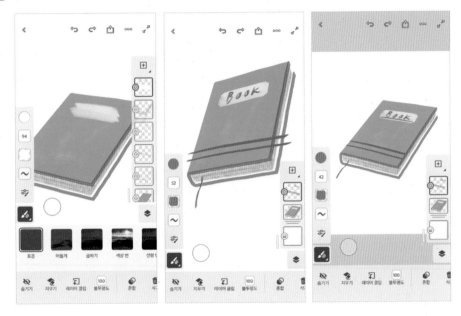

COFFEE

BREAD

---

omelet!

salad   steak

TOMATO

SPAGHETTI

---

oat meal

Quick Oats!

cinnamon

cheers!

FRESCO 3

언제 먹어도 맛있는 음식

기본기를 탄탄하게 배웠으니, 실전 드로잉을 시작해요. 보기만 해도 맛있는 음식을

함께 그려볼 거예요. 어도비 프레스코의 장점 중 하나인

[라이브 브러시]로 유화의 혼합과 수채화의 번짐을 사용해

질감이 매력적인 그림을 함께 그려요!

빵과 커피

맛있는 빵과 따뜻한 커피를 그려 볼까요? [유화 라운드]로 유화 물감의 매력을 느끼며 [페인트 혼합]
으로 자연스럽게 색을 섞어요.

- 화면 크기 : 정사각형(2,100×2,100px)
- 브러시 : [유화 라운드], [고정된 변수]
- 색상 : ■ R 255, G 191, B 111　■ R 220, G 133, B 22　■ R 151, G 90, B 13　■ R 206, G 123, B 19
　　　　■ R 229, G 212, B 184　■ R 153, G 92, B 16　■ R 124, G 82, B 29　　R 255, G 243, B 228
- 사용한 기기 : 아이패드

① 캔버스 크기는 [정사각형(2,100×2,100px)]으로 선택하세요. 브러시는 [라이브 브러시]-[유화]-[유화 라운드]를 사용하겠습니다. ■[R:255, G:191, B:111]을 선택하고 둥근 빵을 그리세요.

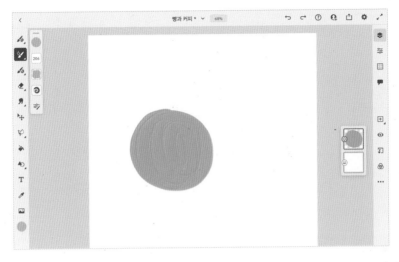

Tip. 이제부터는 색상을 지칭할 때 RGB 값만 알려 드릴게요. 색상 값을 익히기 위해서 자유롭게 시도해 보세요. 그래도 어렵다면 실습에 소개하는 RGB 값을 참고하세요.

② ■[R:220, G:133, B:22]으로 빵의 중앙에 빵이 오븐에서 진하게 부푼 것처럼 색을 섞어 줍니다. 이 때 [페인트 혼합]은 10으로 설정하세요.

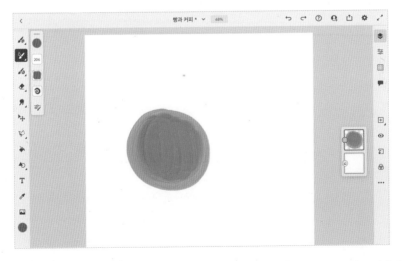

Tip. [유화 라운드]는 [페인트 혼합]을 조절하면 색상을 섞을 때 유용합니다. [페인트 혼합]의 숫자가 높을수록 혼합이 자연스럽고, 낮을수록 각각의 색이 유지된다는 사실을 꼭 기억해 주세요.

❸ ■[R:206, G:123, B:19]로 중앙에 색을 더해 빵 색감이 풍부해 보이도록 혼합해 주세요. 앞에서 살펴봤듯이 **[유화 라운드]**는 채색하는 방향에 따라 붓의 터치가 실감나서 채색하는 재미가 있어요!

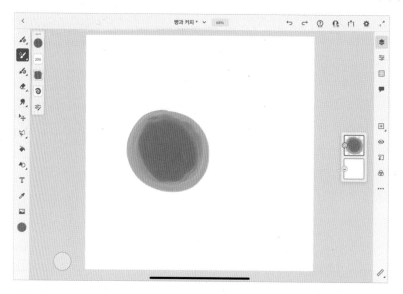

❹ 새로운 레이어를 추가하고 브러시 사이즈를 줄여서 ■[R:151, G:90, B:13]으로 빵 위에 깨를 콕콕 그리세요. 완성한 빵을 **[다중 선택]**-**[그룹]**으로 묶으세요.

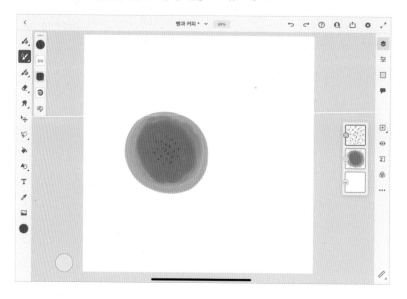

5 레이어를 추가하고 ▦[R:255, G:191, B:111]로 구멍이 뚫린 도넛을 그리세요. 테두리는 [**지우개**]로 깔끔하게 정리하세요.

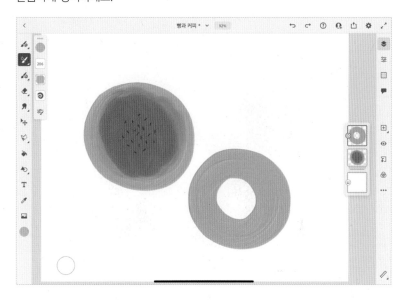

6 ▦[R:220, G:133, B:22]로 도넛의 구멍을 중심으로 색을 혼합하세요.

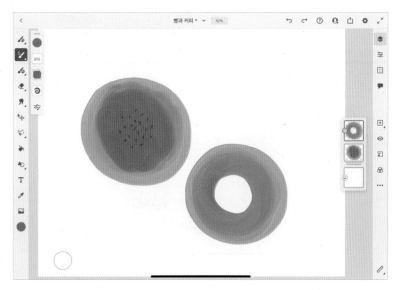

7 ■[R:206, G:123, B:19]로 색을 혼합해 구멍을 중심으로 채색하세요. 도넛 완성!

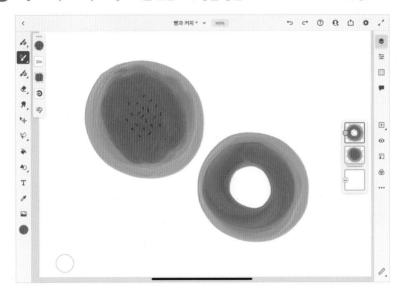

8 레이어를 추가하고 브러시 사이즈를 줄여서 ■[R:229, G:212, B:184]로 커피잔을 그리세요.

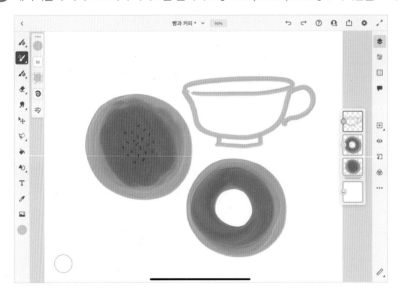

9 브러시 사이즈를 키우고 잔을 채색하세요. 유화 브러시의 특징이 잘 드러나면 도자기로 만든 커피 잔 같은 질감을 연출할 수 있어요.

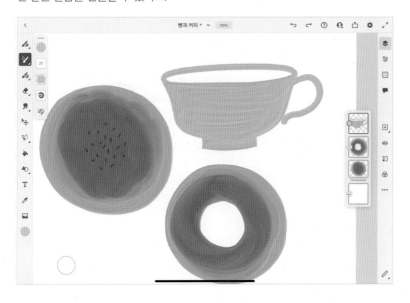

10 새로운 레이어를 커피잔 아래에 추가하고 ■[R:153, G:92, B:16]으로 커피를 채우세요.

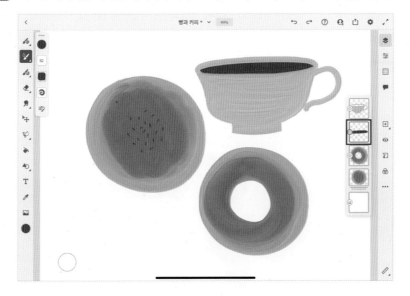

⑪ 맨 위에 레이어를 추가하고 커피잔 몸통 레이어에 [레이어 클립]으로 연결하세요. [레이어 클립]을 설정했으니 커피잔을 그린 부분에만 그려지기 때문에 무늬를 그릴 때 유용합니다. ■[R:124, G:82, B:29]로 잔 위에 무늬를 그리고 손잡이를 덧칠하세요.

⑫ 다시 레이어를 추가하고 컵 위로 ▨ [R:255, G:243, B:228]로 따뜻하게 올라오는 김을 표현해 볼까요? 김의 옅은 느낌은 [플로우]를 낮추면 더 자연스럽게 표현할 수 있습니다. 커피잔 레이어들은 [그룹]으로 묶어 주세요.

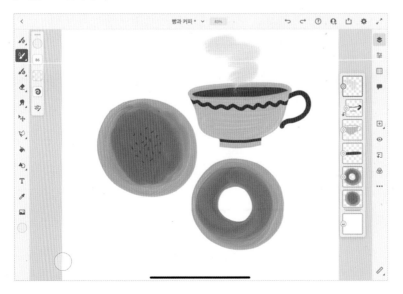

⓭ 레이어를 추가하고 [픽셀 브러시]–[레터링]–[고정된 변수], ■[R:124, G:82, B:29]로 COFFEE와 BREAD를 적어 주세요. 따뜻한 커피 한 잔과 맛있는 빵이 완성되었습니다.

오믈렛과 스테이크

포슬포슬한 달걀의 질감이 살아 있는 오믈렛과 윤기가 흐르는 스테이크를 그려요. [마커 치즐]에 [고고 브러시]를 겹치면 부드러운 질감을 센스있게 표현할 수 있어요.

- 화면 크기 : 정사각형(2,100×2,100px)
- 브러시 : [마커 치즐], [고고 브러시], [고정된 변수], [하드파스텔], [유화 라운드]
- 색상 : ■ R 255, G 205, B 39   ■ R 109, G 53, B 11   ■ R 236, G 63, B 38   ■ R 61, G 154, B 27
    ■ R 93, G 181, B 71   ■ R 224, G 220, B 194   ■ R 255, G 162, B 108   ■ R 240, G 123, B 55
    □ R 255, G 252, B 238   ■ R 180, G 97, B 42   ■ R 193, G 206, B 194   ■ R 104, G 123, B 106
    ■ R 35, G 108, B 44   ■ R 255, G 185, B 25
- 사용한 기기 : 아이패드

1 캔버스 크기는 [정사각형(2,100×2,100px)]을 선택하세요. 먼저 [픽셀 브러시]-[마커]-[마커 치즐]을 사용하겠습니다. ▓[R:255, G:205, B:39]로 오믈렛을 그려 주세요.

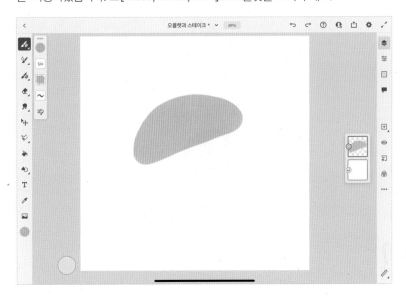

2 레이어를 추가하고 [레이어 클립]과 [레이어 속성]에서 [혼합모드]-[곱하기]를 설정하세요. [픽셀 브러시]-[페인팅]-[고고 브러시]로 오믈렛에 포슬포슬한 달걀 질감을 넣어 줍니다. 같은 색상으로 채색하지만 [곱하기] 설정을 했더니 셀로판지처럼 색이 겹쳐서 진하게 보이는 효과가 나타나죠?

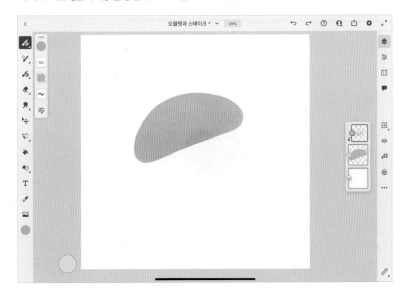

3 새로운 레이어를 추가하고 [픽셀 브러시]-[마커]-[마커 치즐]을 선택하고 ■[R:109, G:53, B:11]로
스테이크를 그리세요.

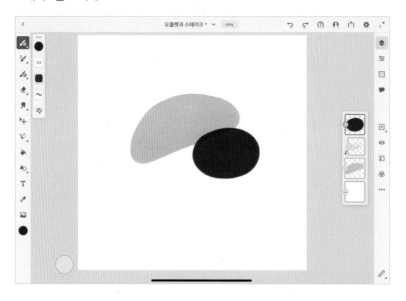

4 레이어를 추가하고 [레이어 클립]과 레이어 속성]에서 [혼합 모드]-[곱하기]를 설정하세요. [픽셀
브러시]-[페인팅]-[고고 브러시]로 스테이크의 표면을 덧칠하세요. 오믈렛과 스테이크를 각각의
그룹으로 묶어 주세요.

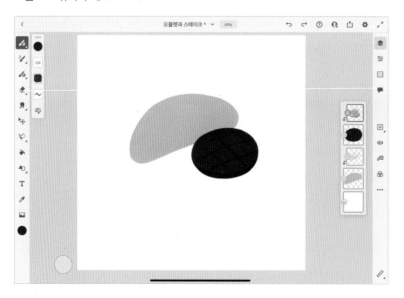

5 레이어를 추가하고 [픽셀 브러시]-[마커]-[마커 치즐], ■[R:236, G:63, B:38]로 토마토를 그리세요.

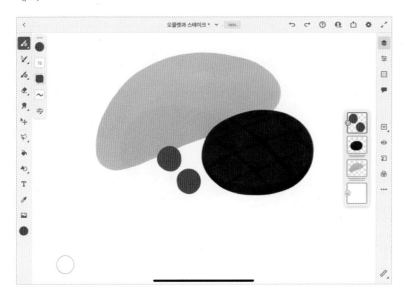

6 레이어를 추가하고 [픽셀 브러시]-[레터링]-[고정된 변수], ■[R:61, G:154, B:27]로 토마토 꼭지를 그리세요. 토마토와 꼭지를 그룹으로 묶어 주세요.

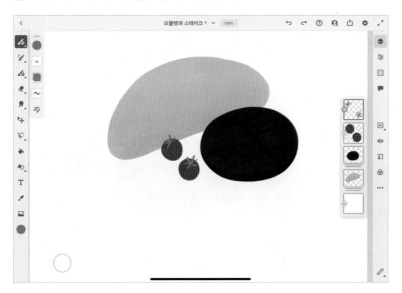

7 레이어를 추가하고 ■[R:93, G:181, B:71]로 오믈렛 위에 파슬리를 그리세요. 다음으로 [픽셀 브러시]-[드라이 미디어]-[하드 파스텔]로 변경하고 새로운 레이어 위에 샐러드 채소를 그리세요.

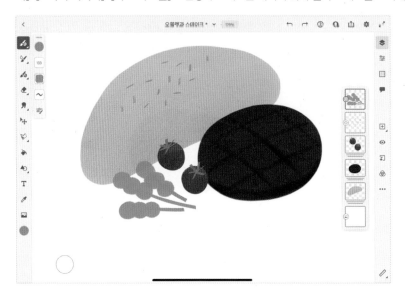

8 레이어를 추가하고 [레이어 클립]과 [혼합 모드]-[곱하기]를 설정하세요. [픽셀 브러시]-[페인팅]-[고고 브러시]로 채소 위에 질감을 넣어 주세요. [픽셀 브러시]-[레터링]-[고정된 변수]로 변경하고 샐러드 줄기를 그려 줍니다.

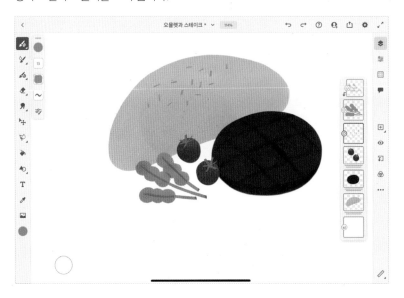

9 채소 레이어들을 [그룹]으로 묶고, [변환]으로 채소를 다시 배치하세요.

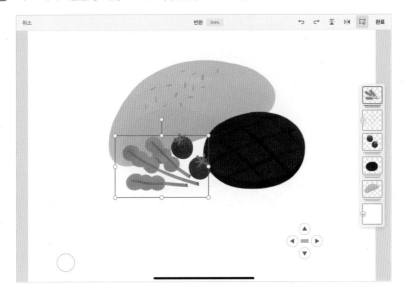

10 레이어를 추가하고 [픽셀 브러시]-[드라이 미디어]-[하드파스텔], ▓[R:255, G:205, B:39], ▓[R:93, G:181, B:71]로 옥수수와 완두콩을 그리세요.

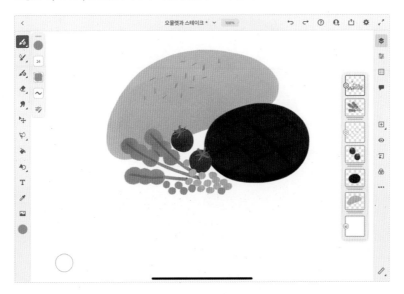

⑪ 새로운 레이어에 ■[R:224, G:220, B:194]로 소스 볼을 그리세요.

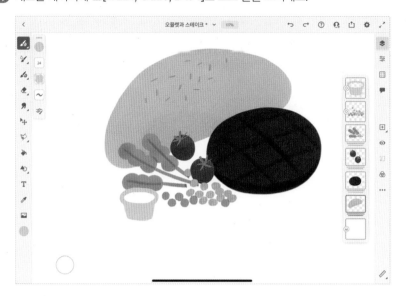

⑫ ■[R:255, G:162, B:108]로 새로운 레이어에 소스를 그립니다.

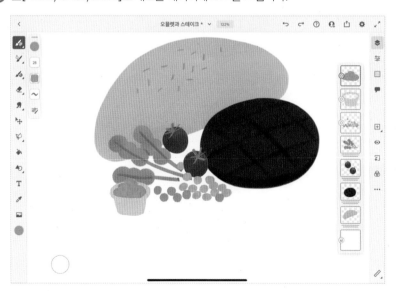

⓭ 소스 볼과 소스를 [그룹]으로 묶어 주세요. 레이어를 추가하고 [픽셀 브러시]-[레터링]-[고정된 변수], ▉[R:240, G:123, B:55]로 소스의 모양을 그린 다음에 소스 볼에 sauce라고 쓰세요.

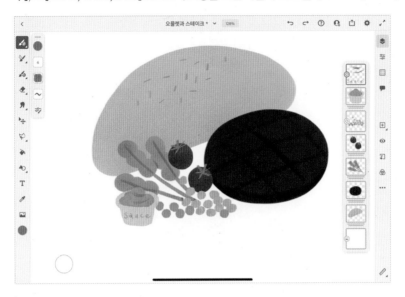

⓮ 레이어를 추가하고 [픽셀 브러시]-[마커]-[마커 치즐], ▉[R:93, G:181, B:71]로 오믈렛 위에 민트 잎을 그리세요. [지우개]를 사용하여 민트 잎의 테두리를 정리하세요.

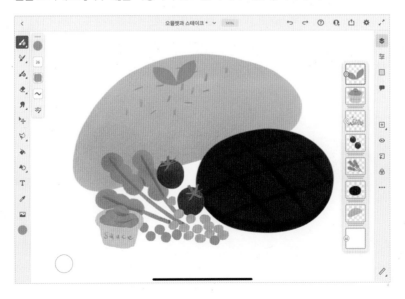

15 [픽셀 브러시]-[레터링]-[고정된 변수], ■[R:61, G:154, B:27]로 민트 잎에 줄기를 그리세요. 완성된 잎 레이어는 오믈렛 그룹으로 드래그하세요. 맨 위에 레이어를 추가하고 [라이브 브러시]-[유화]-[유화 라운드], □[R:255, G:252, B:238]로 소스와 토마토, 옥수수 위에 밝은 부분을 그리세요. ■[R:180, G:97, B:42]로 스테이크 위에 밝은 부분을 그려 줍니다.

16 새로운 레이어를 맨 아래에 추가하고 [라이브 브러시]-[유화]-[유화 라운드], ■[R:193, G:206, B:194]로 접시를 그려 주세요.

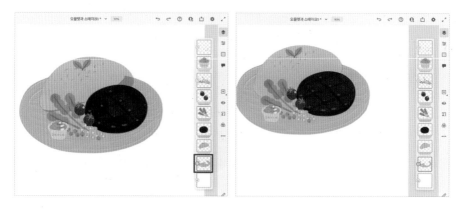

Tip. 곱하기를 사용한 레이어들과 색상이 겹치는 부분은 [지우개]로 접시를 지워 정리해 주세요.

17 그릇 외곽을 물결 모양으로 그려 주세요. 새로운 레이어를 그릇 위에 추가하고 ■[R:104, G:123, B:106]으로 오믈렛과 스테이크, 완두콩, 옥수수 아래에 그림자를 살짝 넣어 줍니다. ■[R:35, G:108, B:44]로 소스 아래에 받침을 그리세요.

18 마지막으로 맨 위에 레이어를 추가해서 [픽셀 브러시]-[레터링]-[고정된 변수], ■[R:255, G:185, B:25], ■[R:61, G:154, B:27], ■[R:109, G:53, B:11]로 omelet!, salad, steak라고 적어 주세요. 오믈렛과 스테이크가 완성되었습니다!

맛있는 소스가 듬뿍! 김이 모락모락 올라오는 토마토 스파게티를 그려볼 거예요. [수채화 효과 원형 디테일]에서 물이 번지는 효과로 스파게티 면의 디테일도 챙겨 봅시다.

- 화면 크기 : 정사각형(2,100×2,100px)
- 브러시 : [수채화 효과 원형 디테일], [고고 브러시], [고정된 변수], [유화 라운드]
- 색상 :   R 255, G 237, B 177   ■ R 255, G 112, B 38   ■ R 247, G 61, B 28   ■ R 252, G 86, B 32
  ■ R 103, G 188, B 108   ■ R 208, G 222, B 221   ■ R 174, G 207, B 205   ■ R 48, G 107, B 199
- 사용한 기기 : 아이패드

1 캔버스 크기는 [정사각형(2,100×2,100px)]으로 선택하세요. 브러시는 [라이브 브러시]–[수채
화]–[수채화 효과 원형 디테일]을 사용하겠습니다. 색상은 ▨ [R:255, G:237, B:177]로 스파게티
면의 시작을 한 바퀴 그려 보세요.

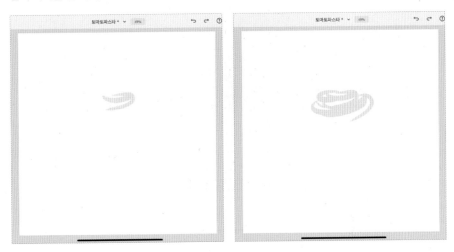

2 면이 아래로 갈수록 풍성해 보이게 그리세요. 면발 사이의 틈이 포인트!

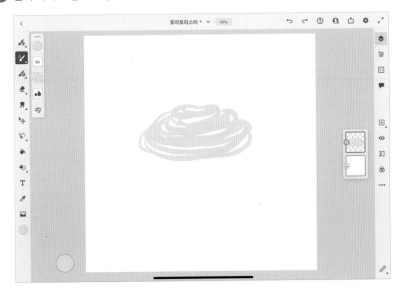

③ ■[R:255, G:112, B:38]로 스파게티 위에 자연스럽게 소스가 퍼지도록 채색하세요.

④ 물감이 다 퍼졌으면 스파게티 면의 레이어를 눌러 **[드라이 레이어]**를 설정하세요. 수채화 물감을 사용했으니 말려야겠죠?

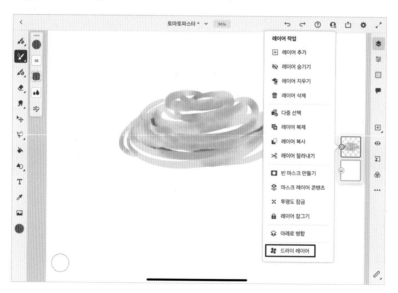

5 레이어를 추가하고 [레이어 클립]과 [레이어 속성]에서 [혼합 모드]-[곱하기]로 설정하세요. 브러 시는 [픽셀 브러시]-[페인팅]-[고고 브러시]로 면의 입체적인 질감을 표현하세요.

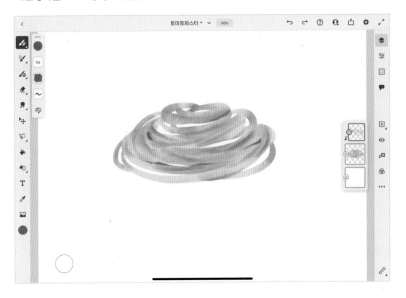

6 레이어를 추가하고 색상은 그대로 유지하면서 브러시만 [라이브 브러시]-[수채화]-[수채화 효과 원형 디테일]으로 바꿔서 토마토 소스를 그려 줍니다.

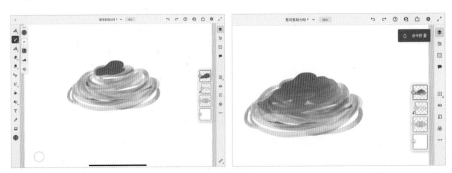

Tip. 수채화 브러시를 사용하다가 [터치 단축키]를 누른 상태에서 채색하면 선택한 색상이 아닌 [순수한 물]로 액션이 변경됩니다. 진한 스파게티 소스를 자연스럽게 풀어서 은은하게 채색할 수 있습니다.

7 중간중간 [터치 단축키]를 해제하면서 묽고 진한 색상의 변화가 눈에 보이게 표현합니다. 먹음직스럽게 보이도록 이번엔 ■[R:247, G:61, B:28]로 소스의 진한 부분을 포인트로 남기세요. 마찬가지로 [터치 단축키]로 순수한 물 효과를 만들어서 자연스럽게 연출합니다. 토마토 소스가 실감나죠?

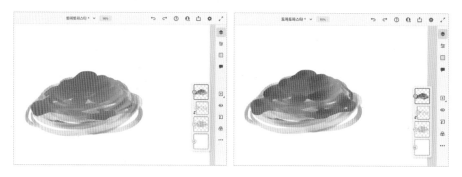

8 레이어를 추가하고 [레이어 클립]을 설정하고 [픽셀 브러시]-[페인팅]-[고고 브러시], ■[R:252, G:86, B:32]로 소스에 조금씩 입체감을 추가하세요. 레이어를 추가하고 소스 색의 면발을 그려 줍니다.

9 스파게티 면과 소스를 [그룹]으로 묶으세요. 레이어를 추가하고 [픽셀 브러시]–[레터링]–[고정된 변수]를 선택하세요. 레이어 속성에서 [혼합 모드]–[곱하기]로 설정하고, 소스가 묻은 면발을 그리세요.

10 레이어를 추가하고 ■[R:103, G:188, B:108]로 소스 위 파슬리 가루를 그린 다음에 면을 그릴 때 사용했던 ▨[R:255, G:237, B:177]로 치즈 가루도 듬뿍 뿌립니다.

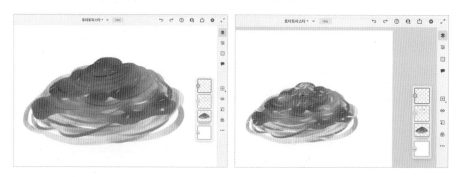

⓫ 새로운 레이어에 ■[R:103, G:188, B:108]로 민트를 그리세요. 잎의 끝은 [지우개]를 사용하여 뾰족하게 정리합니다. 잎 위에 레이어를 추가하고 [레이어 클립], 레이어 속성에서 [혼합 모드]-[곱하기]를 하고 [픽셀 브러시]-[페인팅]-[고고 브러시]로 민트의 줄기를 그리세요. 지금까지 그린 민트와 스파게티 레이어들을 [그룹]으로 묶어 주세요.

⓬ 레이어를 추가하고 [라이브 브러시]-[유화]-[유화 라운드], ■[R:208, G:222, B:221]로 그릇의 윗면을 그리세요. 그릇과 면이 겹치는 부분은 [지우개]로 지우세요.

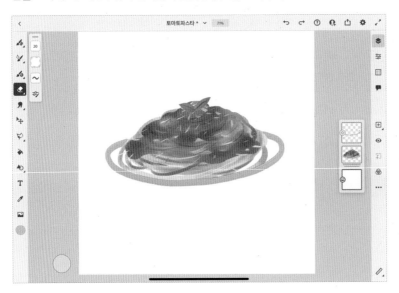

⓭ 그릇의 윗면 바로 아래에 새로운 레이어를 추가하고 ■[R:174, G:207, B:205]로 그릇의 옆면과 손잡이를 그리세요. 스파게티 그룹 아래에 레이어를 추가하고 ■[R:255, G:112, B:38]로 그릇의 빈 부분을 소스로 채웁니다.

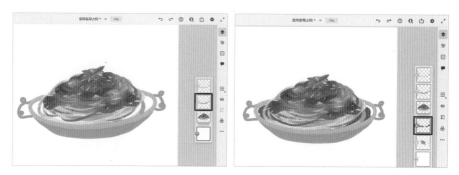

⓮ 손잡이 위에 레이어를 추가하고 [레이어 클립], ■[R:48, G:107, B:199]로 손잡이를 채색하세요. 맨 위에 레이어를 추가하고 [픽셀 브러시]-[레터링]-[고정된 변수], ■[R:255, G:112, B:38]로 TOMATO SPAGHETTI를 적어 줍니다. 토마토 스파게티가 완성되었습니다!

오트밀과 시나몬

새콤달콤한 베리를 토핑한 오트밀을 그려요. 시나몬 가루를 뿌려서 풍미를 더한 오트밀 패키지를
만들어 볼게요.

- 화면 크기 : 정사각형(2,100×2,100px)
- 브러시 : [고고 브러시], [하드 파스텔], [목탄 연필], [고정된 변수]
- 색상 :
  - R 255, G 212, B 124
  - R 249, G 185, B 54
  - R 216, G 212, B 204
  - R 168, G 167, B 166
  - R 244, G 105, B 15
  - R 255, G 244, B 222
  - R 255, G 255, B 255
  - R 249, G 144, B 0
  - R 255, G 230, B 177
  - R 172, G 52, B 64
  - R 98, G 63, B 159
  - R 150, G 102, B 55
  - R 58, G 21, B 120
  - R 236, G 206, B 148
  - R 89, G 89, B 89
- 사용한 기기 : 아이패드

① 캔버스 크기는 **[정사각형(2,100×2,100px)]**으로 선택하세요. 브러시는 **[픽셀 브러시]**-**[페인팅]**-**[고고 브러시]**를 사용하겠습니다. ▨ **[R:255, G:212, B:124]**로 비스듬한 사각형을 그려 채색하세요. 울퉁불퉁한 부분은 **[지우개]**로 정리하세요.

② 레이어를 추가하고 ▨ **[R:249, G:185, B:54]**로 박스의 옆면을 그리고 **[지우개]**로 테두리를 정리합니다.

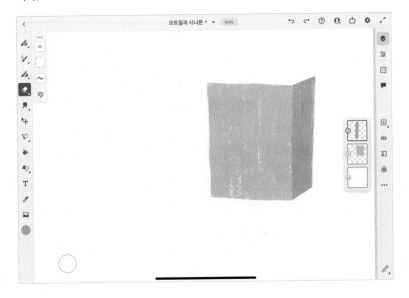

❸ 레이어를 추가하고 [픽셀 브러시]-[드라이 미디어]-[하드 파스텔], ▦[R:216, G:212, B:204]로 오트밀 박스 안에 봉투를 그려 줍니다. 봉투의 끄트머리는 [지우개]로 지워서 날카롭게 정리하세요.

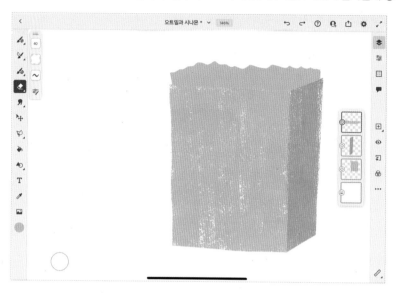

❹ 레이어를 추가하고 다시 [하드 파스텔], ▦[R:168, G:167, B:166]으로 봉투 모양을 잡아 주세요.

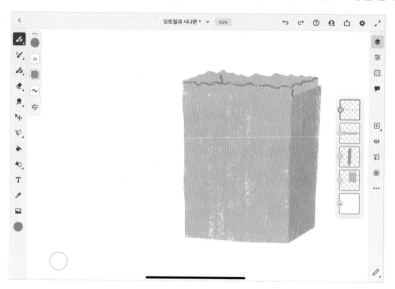

5 레이어를 추가하고 [픽셀 브러시]-[목탄]-[목탄 연필], ■[R:244, G:105, B:15]로 Quick Oats!를
적고 박스를 꾸밉니다.

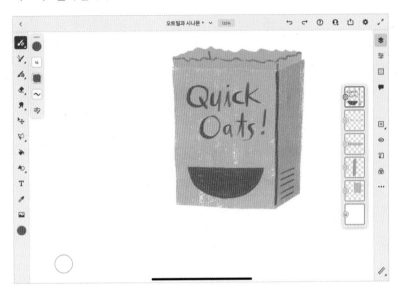

6 아래에 레이어 2개를 추가해 주세요. 첫 번째 새로운 레이어에 ■[R:255, G:244, B:222]로 오트
밀을 그리고, 두 번째 새로운 레이어에 ■[R:168, G:167, B:166]으로 숟가락을 그려 주세요.

7 맨 위에 레이어를 추가하고 ☐[R:255, G:255, B:255]로 오트밀 박스를 꾸며 주세요. 오트밀 박스 레이어들을 모두 [그룹]으로 묶으세요.

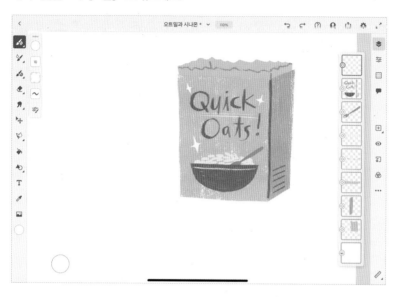

8 레이어를 추가하고 [픽셀 브러시]-[드라이 미디어]-[하드 파스텔], ■[R:249, G:144, B:0]으로 그 릇을 그려서 채색하세요.

9 레이어를 추가하고 ▨[R:255, G:230, B:177]로 그릇 안에 오트밀을 그리세요.

10 레이어를 추가하고 [픽셀 브러시]-[목탄]-[목탄 연필], ■[R:172, G:52, B:64]로 산딸기를 그린 후에, ■[R:98, G:63, B:159]로 블루베리를 그리세요. ■[R:58, G:21, B:120]으로 블루베리의 꼭지를 콕콕 그리세요.

⑪ 베리 아래에 레이어를 추가하고 ■[R:236, G:206, B:148]로 그릇 안 오트밀을 세밀하게 표현하세요.

⑫ 레이어를 추가하고 ■[R:168, G:167, B:166]으로 숟가락을 그리세요.

⓭ 레이어를 추가하고 숟가락 색상으로 병뚜껑을, ■[R:150, G:102, B:55]로 시나몬 가루를 그리세요. ■[R:89, G:89, B:89]로 투명한 유리병을 그린 다음 뚜껑에 구멍을 찍어 주세요.

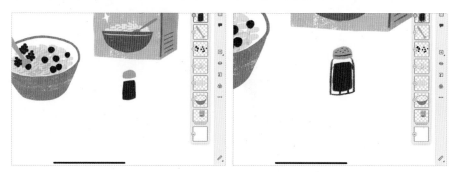

⓮ 마지막으로 레이어를 추가하고 [픽셀 브러시]-[레터링]-[고정된 변수], ■[R:255, G:212, B:124]로 Oat meal, cinnamon을 적어 주세요. 맛있는 오트밀과 시나몬! 오트밀 패키지가 완성되었습니다.

달콤쌉싸래한 와인 향을 풍겨 볼까요? [혼합 모드]의 [곱하기]로 와인의 깊은 색도 만들어 보아요.

- 화면 크기 : 정사각형(2,100×2,100px)

- 브러시 : [마커 치즐], [고고 브러시], [고정된 변수], [목탄 연필]

- 색상 : R 229, G 248, B 245   R 193, G 232, B 226   ■ R 79, G 54, B 102   R 233, G 229, B 218

  ■ R 141, G 58, B 77   ■ R 255, G 204, B 22   R 255, G 171, B 218

- 사용한 기기 : 아이패드

1 캔버스 크기는 [정사각형(2,100×2,100px)]으로 선택하세요. 브러시는 [픽셀 브러시]-[마커]-[마커 치즐]을 사용하겠습니다. 먼저 레이어 속성에서 [혼합 모드]-[곱하기]로 설정하세요. ▨ [R:229, G:248, B:245]로 와인잔의 윗부분을 그려 채색하세요.

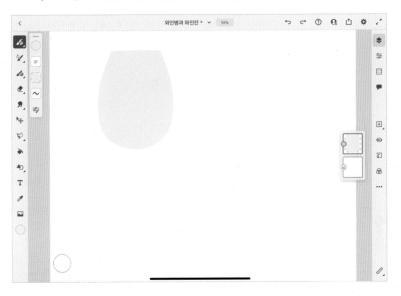

2 잡는 부분과 받침 부분을 그리세요. 뭉툭하게 그려진 받침의 테두리는 [지우개]로 날카롭게 정리하세요.

3 레이어를 추가하고 [레이어 클립]을 설정하세요. [픽셀 브러시]-[페인팅]-[고고 브러시],
■[R:193, G:232, B:226]으로 와인잔을 세로 방향으로 칠해서 매끄러운 유리 질감을 표현합니다.
완성된 와인잔은 [그룹]으로 묶으세요.

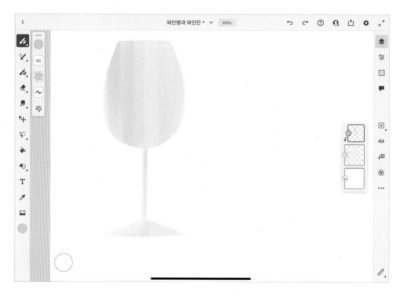

4 와인잔의 레이어 그룹을 클릭해서 [레이어 그룹 복제]를 하고 좌측 툴바의 [변환]으로 와인잔이
서로에게 기울도록 배치하세요.

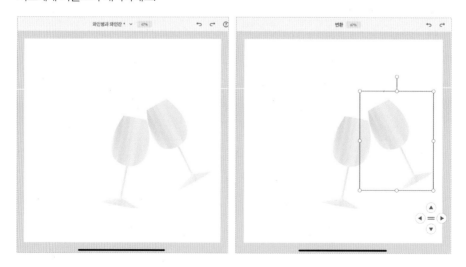

Tip. [변환]에서 나타나는 우측 하단의 화살표를 터치하면 10px씩 정교하게 움직일 수 있습니다.

5 레이어를 추가하고 [픽셀 브러시]–[마커]–[마커 치즐], ■[R:79, G:54, B:102]로 와인병을 그리세
요. 울퉁불퉁한 테두리는 [지우개]로 정리하세요.

6 레이어를 추가하고 [레이어 클립]을 설정하세요. 레이어 속성에서 [혼합 모드]–[곱하기]를 설정하
세요. 브러시는 [픽셀 브러시]–[페인팅]–[고고 브러시]로 변경해 와인병의 세로 방향으로 음영을
그리세요.

7 [픽셀 브러시]-[레터링]-[고정된 변수]로 병의 구분선들을 그리세요.

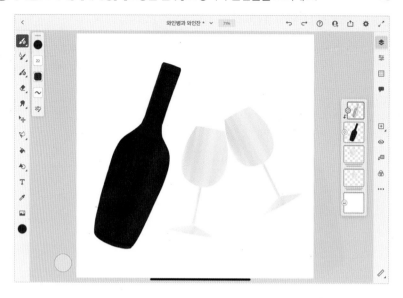

8 레이어를 추가하고 [픽셀 브러시]-[마커]-[마커 치즐], ▨ [R:233, G:229, B:218]로 라벨을 그리세요.

9 레이어를 추가하고 [레이어 클립]을 설정하세요. 레이어 속성에서 [혼합 모드]-[곱하기]를 설정합니다. [픽셀 브러시]-[페인팅]-[고고 브러시]로 라벨의 세로 방향으로 음영을 그리세요.

10 레이어를 추가하고 [픽셀 브러시]-[목탄]-[목탄 연필], ■[R:79, G:54, B:102]로 포도를 그리세요.

⑪ 포도 아래에 레이어를 추가하고 ■[R:141, G:58, B:77]로 포도의 줄기와 잎을 그리세요.

⑫ 레이어를 추가하고 [픽셀 브러시]–[레터링]–[고정된 변수], ■[R:79, G:54, B:102]로 Grape wine을 적어 주세요. 와인병을 [그룹]으로 묶으세요.

⓭ 와인잔 아래에 레이어를 추가해 주세요. [픽셀 브러시]-[마커]-[마커 치즐]로 Grape wine 문구와 같은 색상을 사용해 잔에 담긴 와인을 그리세요. 와인잔의 레이어가 [곱하기] 설정이 되었기 때문에 와인이 자연스럽게 겹쳐 보이는 효과를 줄 수 있어요.

⓮ 잔에 채운 와인 위에 레이어를 추가하고 [레이어 클립]을 설정해 주세요. 레이어 속성에서 [혼합 모드]-[곱하기]를 설정하고 [픽셀 브러시]-[페인팅]-[고고 브러시]로 와인에 음영을 그리세요.

⓯ 와인병 그룹 아래에 레이어를 추가하고 레이어 속성에서 **[혼합 모드]-[곱하기]**를 설정하세요. **[픽셀 브러시]-[레터링]-[고정된 변수]**로 잔에 채운 와인과 와인잔의 세부 입체감을 더해 주세요.

⓰ 맨 위에 레이어를 추가하고 **[픽셀 브러시]-[레터링]-[고정된 변수]**를 선택하세요. 그림과 같이 ▨[R:255, G:204, B:22]로 반짝이를, ▨[R:255, G:171, B:218]로 리본 줄 장식을 그려 파티 분위기를 꾸며 주세요.

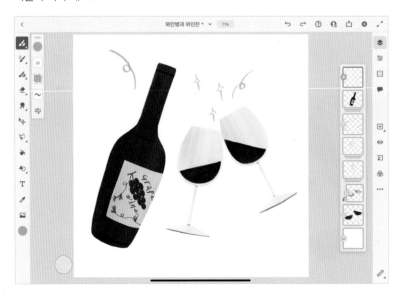

⑰ ■[R:79, G:54, B:102]로 cheers!를 적어 주세요. 와인과 와인잔이 완성되었습니다!

FRESCO 4

슬기로운 식물 생활

음식 그림에 이어 실전 드로잉으로 식물을 그려 보아요.

앞서 배운 기본기를 바탕으로 드로잉 도구를 복습해도 좋습니다.

그럼 슬기로운 식물 생활을 시작해 볼까요?

화병과 꽃다발

예쁜 꽃은 바라보기만 해도 기분이 좋아져요. [마커 치즐]과 [목탄 연필]으로 화병에 담긴 예쁜
꽃다발을 그려 보아요.

- 화면 크기 : 정사각형(2,100×2,100px)
- 브러시 : [마커 치즐], [목탄 연필], [고정된 변수]
- 색상 : ■ R 193, G 210, B 217 　 ■ R 86, G 132, B 191 　 ■ R 255, G 189, B 189 　 ■ R 76, G 124, B 82
　　　 ■ R 255, G 186, B 78 　 ■ R 35, G 80, B 48 　 ■ R 255, G 137, B 137 　 ■ R 33, G 98, B 41
　　　 ■ R 255, G 108, B 75
- 사용한 기기 : 아이패드

① 캔버스 크기는 [정사각형(2,100×2,100px)]으로 선택하세요. 먼저 [픽셀 브러시]-[마커]-[마커 치즐]을 사용할게요. ■[R:193, G: 210, B: 217]로 화병을 그려서 채색합니다.

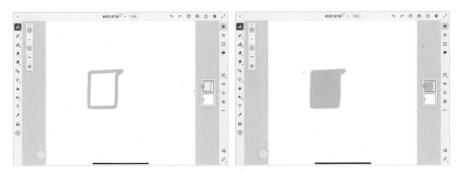

② ■[R:86, G:132, B:191]로 화병의 손잡이를 만들고, 위아래에 가로 방향으로 띠 모양을 칠하세요. 브러시 특성상 테두리가 깔끔하게 정리되지 않는 경우가 있어요. 그럴 땐 [지우개]로 테두리를 말끔하게 정리하세요.

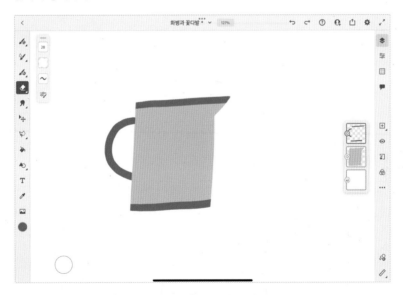

3 레이어를 추가하고 ■[R:255, G:189, B:189]로 위가 좁은 작은 타원을 그려서 채색하세요. 튤립의 꽃봉오리가 될 거예요.

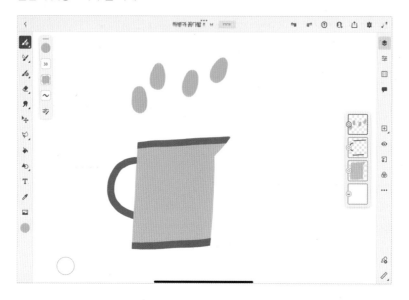

4 새로운 레이어를 꽃봉오리 아래에 추가하세요. ■[R:76, G:124, B:82]로 줄기를 그리세요.

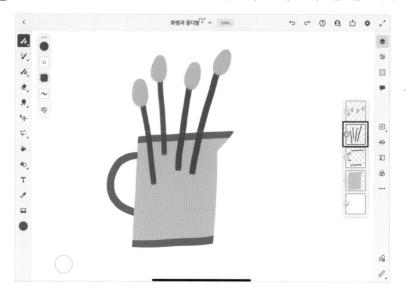

⑤ 줄기를 기준으로 양쪽으로 잎을 그리세요. 잎이 옆으로 퍼지지 않게 그려 주세요!

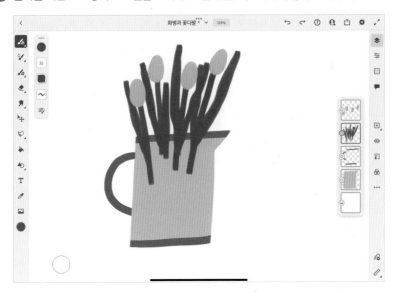

⑥ 화병과 겹치는 부분을 [지우개]로 지우고 정리하세요.

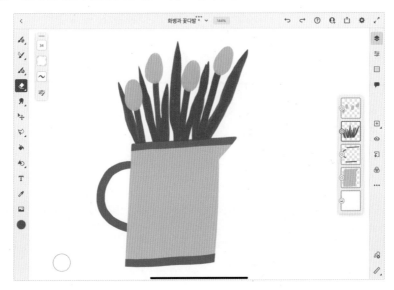

7 새로운 레이어를 추가하고 ■[R:255, G:186, B:78]로 작은 점들을 모아서 찍으세요.

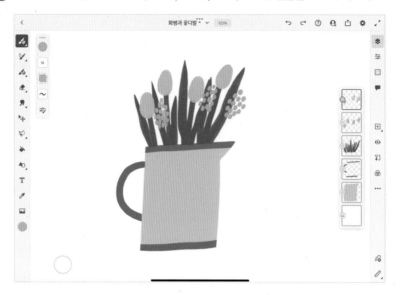

8 새로운 레이어를 노란색 꽃 아래에 추가하고 ■[R:35, G:80, B:48]로 줄기를 그리세요.

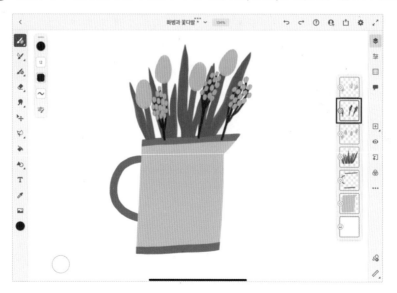

⑨ 줄기를 기준으로 작은 잎들을 연결하세요. 모양이 똑같지 않아도 됩니다. 화병 밖으로 나온 잎을
자유롭게 그리세요.

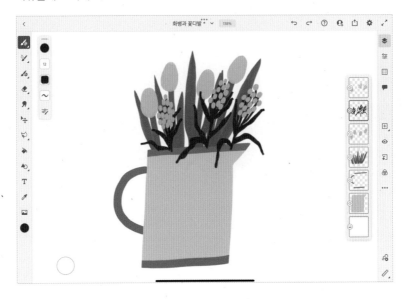

⑩ 어색한 잎들을 [지우개]를 사용하여 정리하세요.

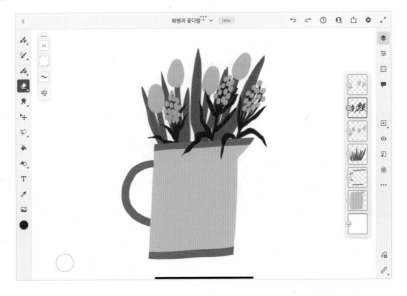

⑪ 튤립 위에 레이어를 추가하세요. [픽셀 브러시]-[목탄]-[목탄 연필], ▨[R:255, G:137, B:137]로 꽃잎을 구분하세요. 튤립의 줄기 위에 레이어를 추가하고 ■[R:33, G:98, B:41]로 줄기의 세부 모양을 그리세요.

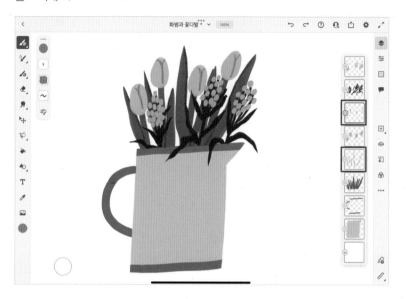

⑫ 화병과 꽃들을 모두 선택하고 [그룹]으로 묶어 주세요.

⑬ 새로운 레이어를 추가하고 [픽셀 브러시]–[마커]–[마커 치즐], ■[R:255, G:189, B:189]로 꽃을 그리세요.

⑭ 튤립 아래에 레이어를 추가하고 ■[R:76, G:124, B:82]로 튤립의 줄기와 잎을 그리세요. 잎의 끝부분은 [지우개]로 정리합니다.

⑮ 레이어를 추가하고 [픽셀 브러시]–[목탄]–[목탄 연필], ▮[R:255, G:137, B:137]로 튤립의 꽃잎을
구분해 주세요. 줄기 위에 레이어를 추가하고 ■[R:33, G:98, B:41]로 줄기에 구분선을 그려 주
세요.

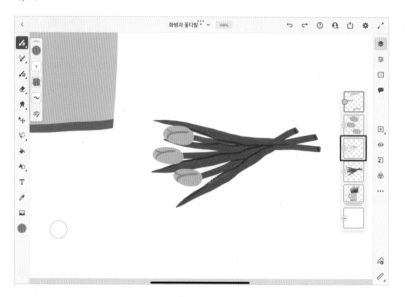

⑯ 새로운 레이어를 추가하고 ▮[R:255, G:108, B:75]로 꽃다발을 묶는 끈을 그려 주세요.

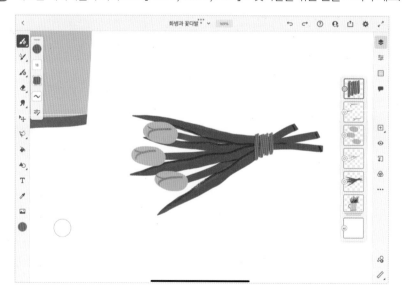

⑰ 완성된 꽃다발은 [그룹]으로 만들어 화병의 위치를 보고 아래와 같이 배치하세요.

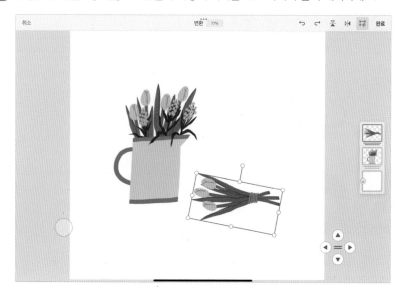

⑱ 레이어를 추가하고 [픽셀 브러시]-[레터링]-[고정된 변수], ▮[R:255, G:189, B:189]로 Vase and tulip!을 적어 주세요. 화병과 예쁜 꽃다발이 완성되었습니다.

초록빛 식물을 가꾸기 위해서는 가드닝 도구들이 필요해요. [유화 라운드]의 재미난 질감으로 가드닝 도구를 그려 보아요.

- 화면 크기 : 정사각형(2,100×2,100px)
- 브러시 : [유화 라운드], [노이즈 제어], [목탄 연필]
- 색상 : ■ R 227, G 226, B 226　■ R 18, G 166, B 70　■ R 18, G 119, B 70　■ R 119, G 146, B 133
　　　■ R 138, G 161, B 150　■ R 230, G 127, B 71　■ R 190, G 121, B 79　■ R 153, G 84, B 17
　　　■ R 109, G 175, B 91　■ R 144, G 196, B 196　■ R 95, G 135, B 135　■ R 109, G 71, B 36
- 사용한 기기 : 아이패드

① 캔버스 크기는 [정사각형(2,100×2,100px)]으로 선택하세요. 먼저 [라이브 브러시]–[유화]–[유화 라운드]를 사용하겠습니다. ■[R:227, G:226, B:226]으로 바구니의 모양을 그리세요.

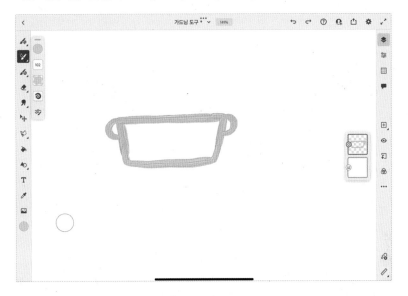

② 바구니를 채색하세요. 유화 브러시는 채색하는 방향에 따라 붓자국이 남기 때문에 세로 방향으로 결이 남도록 그려 주세요.

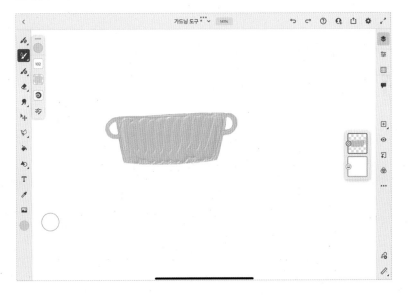

③ 레이어를 추가하고 ■[R:18, G:166, B:70]으로 식물을 그려서 채색하세요. 바구니와 겹치는 부분은 [지우개]로 정리하세요.

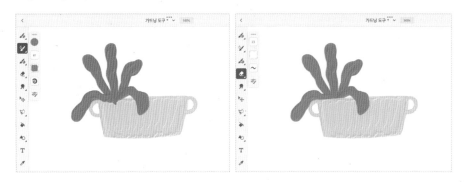

④ 레이어를 추가하고 ■[R:18, G:119, B:70]으로 브러시의 사이즈를 줄여서 얇은 선으로 식물의 줄기를 그리세요.

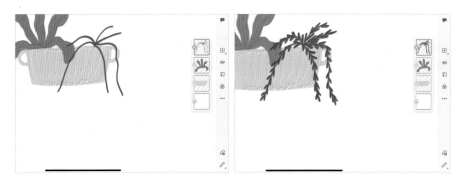

5 첫 번째 식물 위에 레이어를 추가하고 잎의 선을 그려 주세요. 반듯하지 않아도 괜찮습니다. 식물은 자연물이기 때문에 각진 선보다는 자연스러운 선이 더 잘 어울린답니다.

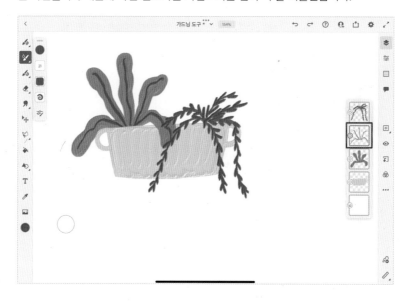

6 레이어를 바구니 위에 추가하고 ■[R:119, G:146, B:133]으로 바구니 무늬와 구분선을 그려 주세요. 완성된 바구니와 식물은 [그룹]으로 묶어 주세요.

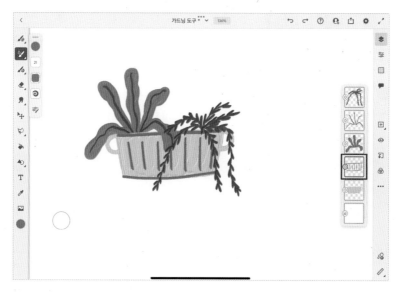

7 레이어를 추가하고 ■[R:119, G:146, B:133]과 ■[R:138, G:161, B:150]으로 크기와 색깔이 다른 돌멩이를 여러 개 그리세요.

8 새로운 레이어를 추가하고 ■[R:227, G:226, B:226]으로 크기가 다른 삽을 그리세요.

9 레이어를 추가하고 ▇[R:230, G:127, B:71]로 삽의 손잡이를 그리세요. 완성된 삽은 [**그룹**]으로 만드세요.

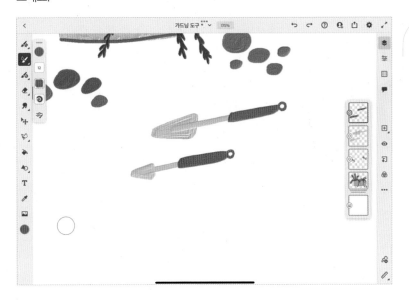

10 레이어를 추가하고 ▇[R:190, G:121, B:79]로 화분을 그리세요. 화분의 윗부분은 가로 방향으로 채색하고 몸통 부분은 세로 방향으로 채색하면 화분의 질감을 다양하게 표현할 수 있어요.

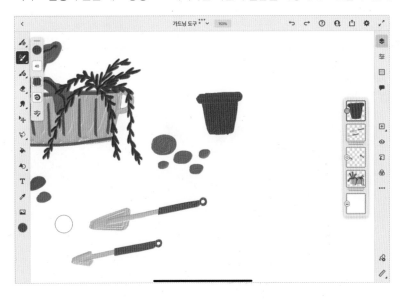

11 [지우개]를 사용해 화분의 테두리를 정리하세요. 화분 밑의 물구멍도 [지우개]로 만들어 주세요. 화분이 쉽게 완성되지요?

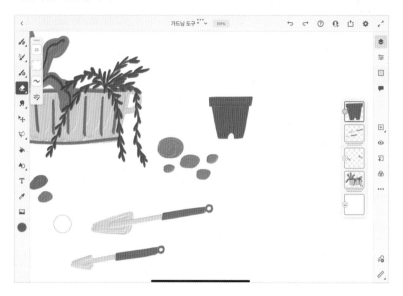

12 동일한 방법으로 화분을 하나 더 그려보겠습니다. 레이어를 추가하고 ■[R:153, G:84, B:17]로 작은 화분을 그리고 테두리를 [지우개]로 지우세요.

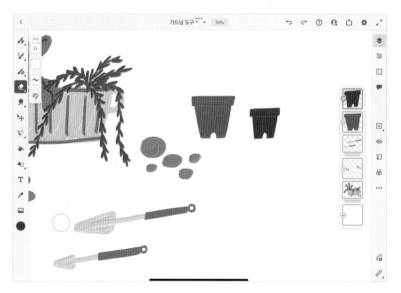

⓭ 새로운 레이어를 각각의 화분 위에 추가하고 ■[R:109, G:71, B:36]으로 선을 그려 주세요.

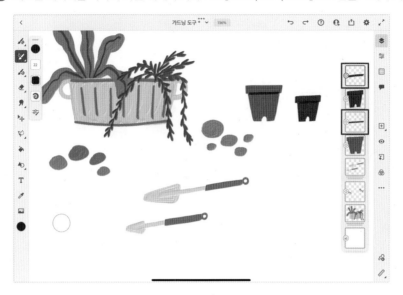

⓮ 돌멩이 위에 레이어를 추가하고 [레이어 클립]을 설정한 후에 [픽셀 브러시]-[FX]-[노이즈 제어], ■[R:138, G:161, B:150], ■[R:227, G:226, B:226]으로 돌의 무늬를 그려 주세요.

> **Note** / 돌멩이 질감을 표현하는 무료 브러시는?
>
> [노이즈 제어] 브러시와 비슷한 무료 브러시를 찾는다면, [픽셀 브러시] 중에서 [드라이 미디어]의 [러프 펜슬]을 추천해 [브러시 설정]에서 [간격]을 32% 정도로 설정하면 돌멩이 질감의 무늬를 그릴 수 있어요.

⓯ 화분들과 돌멩이를 각각의 [그룹]으로 묶어 주세요.

⓰ 레이어를 추가하고 [라이브 브러시]-[유화]-[유화 라운드], ▥[R:230, G:127, B:71]으로 화분을 그려 주세요.

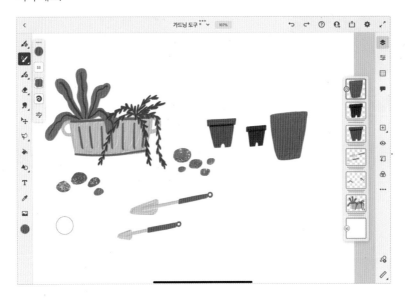

⑰ 레이어를 추가하고 ■[R:109, G:175, B:91]으로 식물의 줄기와 잎을 그리세요.

⑱ 잎의 끄트머리와 줄기는 [지우개]로 말끔하게 정리하세요.

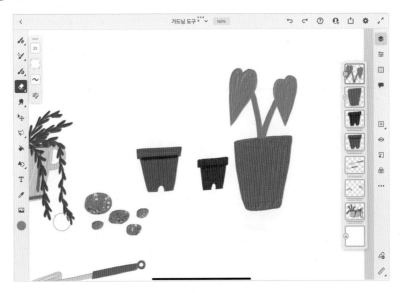

19 레이어를 추가하고 ■[R:18, G:119, B:70]으로 잎맥을 그리세요.

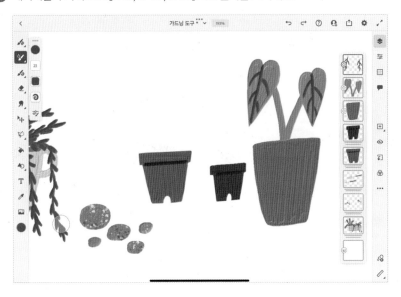

20 완성된 식물과 화분은 [그룹]으로 만들어 주세요.

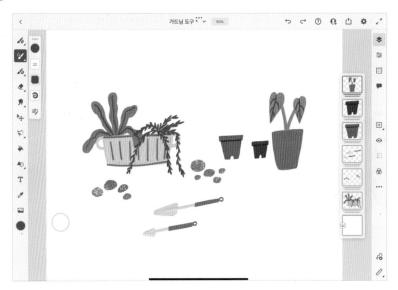

21 식물과 화분들의 크기를 보고 크기 조절을 하고 재배치하세요.

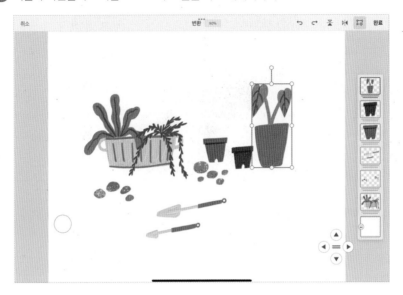

22 레이어를 추가하고 ■[R:144, G:196, B:196]으로 물조리개의 형태를 그리고 내부를 채색하세요.

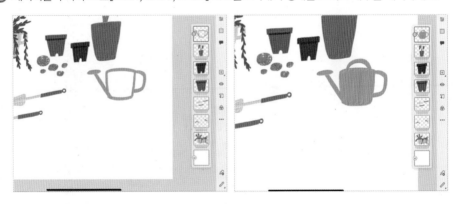

㉓ 레이어를 추가하고 ■[R:95, G:135, B:135]으로 물조리개의 세부 모양을 그리세요.

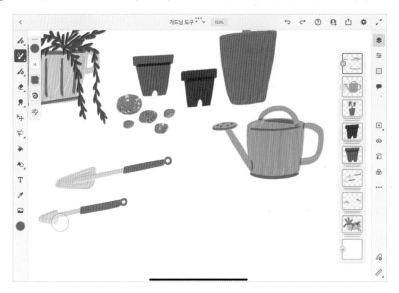

㉔ 물조리개 레이어들을 [그룹]으로 묶어 주세요.

25 크기 변경으로 소품들의 위치와 크기를 재배치하세요.

26 레이어를 추가하고 [픽셀 브러시]-[목탄]-[목탄 연필], ■[R:144, G:196, B:196]으로 Gardening Tool을 적어 주세요. 가드닝 도구들이 완성되었습니다.

주변에서 양팔을 벌리고 있는 선인장을 한 번쯤은 봤을 거예요. [부드러운 분필]을 써서 초록색의 귀여운 선인장을 그려 보아요.

- 화면 크기 : 정사각형(2,100×2,100px)

- 브러시 : [부드러운 분필], [고정된 변수], [유화 청키], [노이즈 제어]

- 색상 : ■ R 70, G 155, B 80   ■ R 172, G 86, B 35   ■ R 19, G 130, B 32   ■ R 121, G 65, B 33

    ■ R 207, G 159, B 113   ■ R 171, G 171, B 171   ☐ R 228, G 228, B 228

- 사용한 기기 : 아이패드

① 캔버스 크기는 [정사각형(2,100×2,100px)]으로 선택하세요. 먼저 [픽셀 브러시]-[드라이미디어]-[부드러운 분필]을 사용하겠습니다. ■[R:70, G:155, B:80]으로 선인장의 중심 모양을 그리고 채색해 주세요.

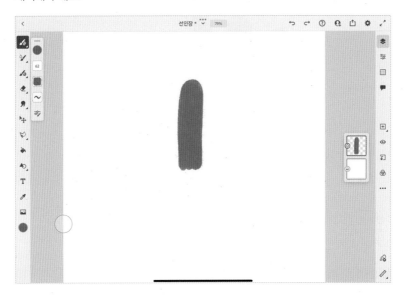

② 선인장의 양쪽 팔을 그리고 채색합니다. 이때 팔의 높이를 다르게 그리는 게 포인트!

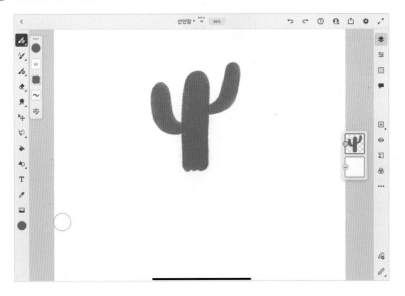

3 선인장의 밑을 [지우개]로 깔끔하게 지워 주세요.

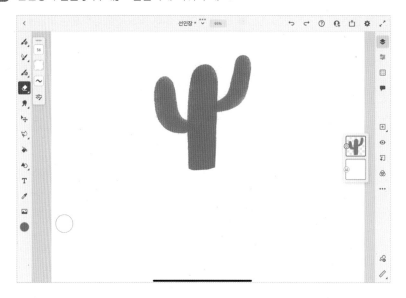

4 새로운 레이어를 추가하고 ■[R:172, G:86, B:35]로 화분을 그려 주세요.

5 화분을 채색하고 선인장과 겹치는 부분은 [지우개]로 지워 줍니다.

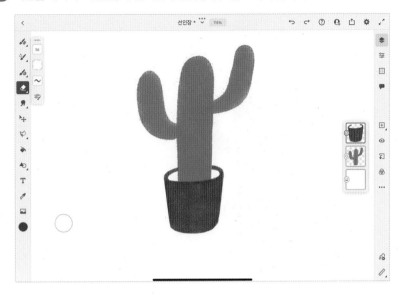

6 새로운 레이어를 선인장과 화분 위에 각각 추가하고 브러시를 [픽셀 브러시]-[레터링]-[고정된 변수]로 선택해 주세요. ■[R:19, G:130, B:32]로 선인장에 선을 그리세요. ■[R:121, G:65, B:33]으로 화분의 구분선을 그려 주세요.

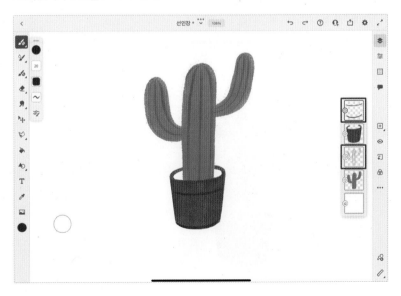

7 ■[R:19, G:130, B:32]로 선인장 선 레이어에 가시를 그리세요. 얇은 가시를 표현할 때는 브러시의 사이즈를 줄여서 그려 주세요.

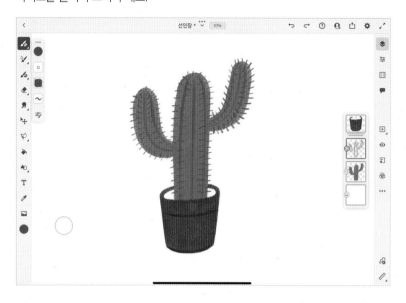

8 완성된 화분과 선인장은 각각의 [그룹]으로 묶으세요. 선인장 위에 레이어를 추가하고 **[라이브 브러시]**-**[유화]**-**[유화 청키]**, ■[R:207, G:159, B:113]으로 흙을 그리세요. 화분 위에 레이어를 추가하고 ■[R:171, G:171, B:171]으로 돌멩이를 그리세요.

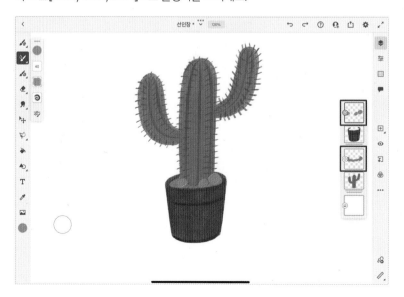

9 새로운 레이어를 돌멩이 위에 추가하고 [레이어 클립]을 설정하세요. [픽셀 브러시]-[FX]-[노이즈 제어], ■[R:228, G: 228, B:228]로 돌멩이의 무늬를 그려서 [그룹]으로 묶으세요.

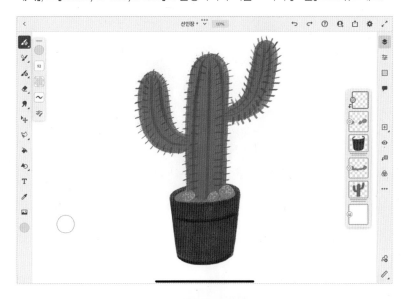

Tip. 무료 브러시는 157쪽에서 소개한 [드라이 미디어]-[러프 펜슬]도 좋아요.

10 레이어를 추가하고 [픽셀 브러시]-[레터링]-[고정된 변수], ■[R:19, G:130, B:32]로 cactus를 적어 주세요. 선인장이 완성되었습니다.

monstera

몬스테라의 커다란 잎을 보고 있으면 숭숭 뚫려 있는 구멍과 찢어진 모양이 신기해요. [부드러운 분필]
과 [고정된 변수]를 사용해 몬스테라를 그려 보고 [고고 브러시]로 잎의 색 변화를 표현해 보아요.

- 화면 크기 : 정사각형(2,100×2,100px)
- 브러시 : [부드러운 분필], [고정된 변수], [고고 브러시], [목탄 연필], [유화 청키]
- 색상 : ■ R 3, G 140, B 51　　　 ■ R 20, G 109 ,B 51　　　 ■ R 177, G 136, B 93　　　 ■ R 182, G 108 , B 46
- 사용한 기기 : 아이패드

① 캔버스 크기는 [정사각형(2,100×2,100px)]으로 선택하세요. 먼저 [픽셀 브러시]-[드라이 미디어]-[부드러운 분필]을 사용하겠습니다. ■[R:3, G:140, B:51]로 몬스테라의 잎을 그리고 채색하세요.

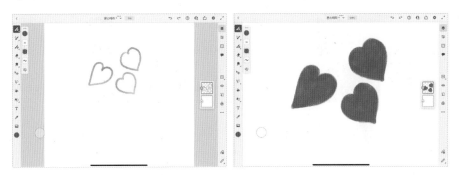

② [지우개]로 외곽을 정리하면서 하트 잎의 일부분을 지워서 몬스테라의 특징인 찢어진 잎 모양을 표현합니다.

③ 새로운 레이어를 잎 아래에 추가하고 **[픽셀 브러시]**-**[레터링]**-**[고정된 변수]**로 줄기를 그리세요. **[지우개]**로 잎과 겹치는 줄기는 지워 주세요.

④ 잎 위에 레이어를 추가하고 **[레이어 클립]**을 설정하세요. **[픽셀 브러시]**-**[페인팅]**-**[고고 브러시]**, ■[R:20, G:109, B:51]로 잎의 색상이 입체적으로 느껴지도록 채색합니다.

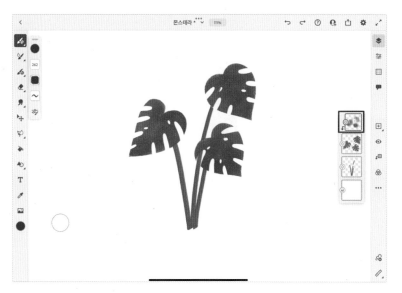

⑤ [픽셀 브러시]-[목탄]-[목탄 연필]로 몬스테라 잎의 잎맥을 그리세요.

⑥ 몬스테라 잎은 [그룹]으로 묶으세요. 식물 아래에 레이어를 추가하고 [픽셀 브러시]-[드라이 미디어]- [부드러운 분필], ■[R:177, G:136, B:93]으로 화분을 그리세요. 화분 내부를 채색하고 외곽을 [지우개]로 정리하세요.

7 몬스테라 위에 레이어를 추가하고 [라이브 브러시]-[유화]-[유화 청키], ■[R:182, G:108, B:46]으로 화분의 흙을 그리세요. 유화 브러시로 재미난 질감 표현을 할 수 있어요. [지우개]로 흙을 정리하세요.

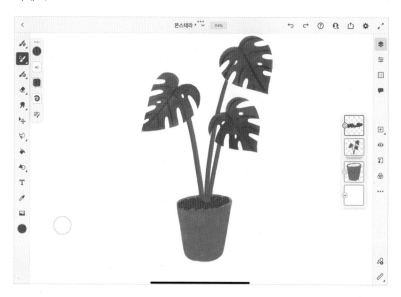

8 화분과 겹치는 흙을 [지우개]를 사용해 정리해 주세요.

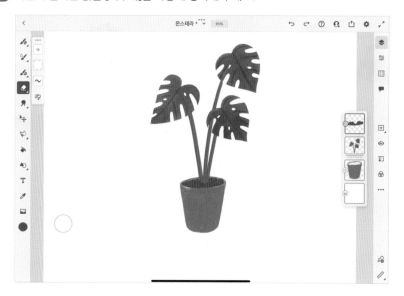

9 레이어를 추가하고 [**픽셀 브러시**]-[**레터링**]-[**고정된 변수**]로 화분의 구분선을 그려 주세요.

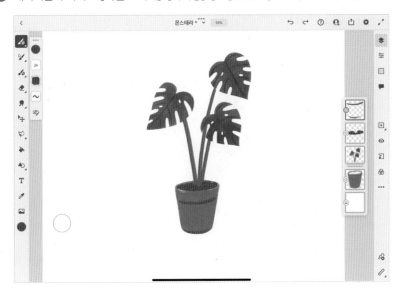

10 레이어를 추가하고 ■[R:20, G:109, B:51]로 monstera라고 적어 줍니다. 갈라진 잎이 멋진 몬스테라가 완성되었습니다.

향긋한 레몬 향이 느껴지는 레몬 나무를 [고정된 변수]와 [부드러운 분필]을 사용해서 그려볼 거예요.
열매가 달려 있는 레몬 나무를 그려 보아요.

- 화면 크기 : 정사각형(2,100×2,100px)
- 브러시 : [고정된 변수], [부드러운 분필], [목탄 연필], [유화 청키]
- 색상 : ■ R 194, G 116, B 66   ■ R 142, G 214, B 70   ■ R 255, G 237, B 54   ■ R 156, G 99, B 63
  ■ R 99, G 188, B 11   ■ R 255, G 208, B 12   ■ R 187, G 184, B 154   ■ R 198, G 143, B 80
  ■ R 153, G 153, B 153
- 사용한 기기 : 아이패드

① 캔버스 크기는 [정사각형(2,100×2,100px)]으로 선택하세요. 먼저 [픽셀 브러시]-[레터링]-[고정된 변수]를 사용하겠습니다. ■[R:194, G:116, B:66]으로 레몬 나무의 줄기를 그리세요.

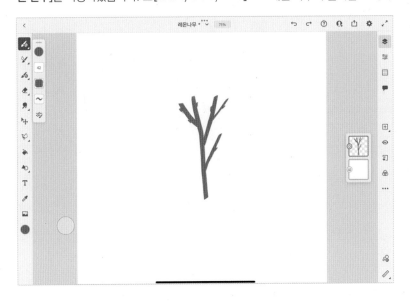

② 레이어를 추가하고 [픽셀 브러시]-[드라이 미디어]-[부드러운 분필], ■[R:142, G:214, B:70]으로 레몬 나무의 잎을 그려 주세요. [지우개]로 잎의 끝을 뾰족하게 만들어 주세요.

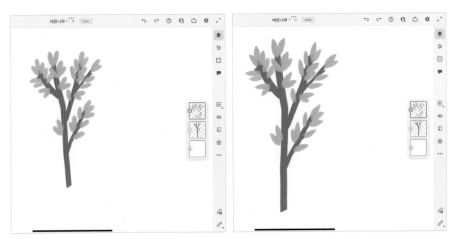

3 레이어를 추가하고 ▨ [R:255, G:237, B:54]로 레몬을 그려 주세요.

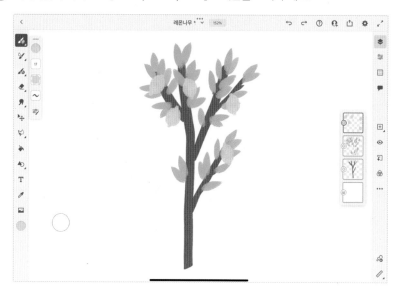

4 레몬 나무 줄기 위에 레이어를 추가하고 **[레이어 클립]**을 설정하세요. ■[R:156, G:99, B:63]으로 나무 줄기에 색을 덧입혀 주세요.

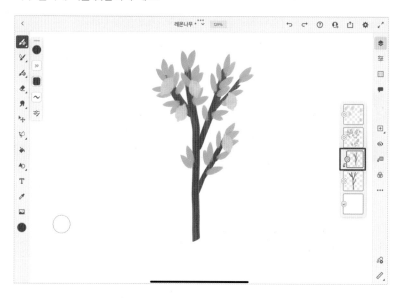

5 새로운 레이어를 레몬 나무 잎 위에 추가하고 [**픽셀 브러시**]-[**목탄**]-[**목탄 연필**], ■[R:99, G:188, B:11]로 잎맥을 그려 주세요. 레몬 위에 레이어를 추가하고 ■[R:255, G:208, B:12]로 레몬의 무늬를 그려 주세요.

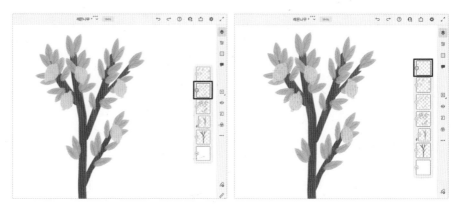

6 레몬과 잎, 나무 줄기 레이어들을 각각의 그룹으로 묶어 주세요. 레이어를 추가하고 [**픽셀 브러시**]-[**드라이 미디어**]-[**부드러운 분필**], ■[R:187, G:184, B:154]로 화분을 그리세요. 화분을 채색하고 레몬 나무와 겹치는 부분을 [**지우개**]로 지워 주세요.

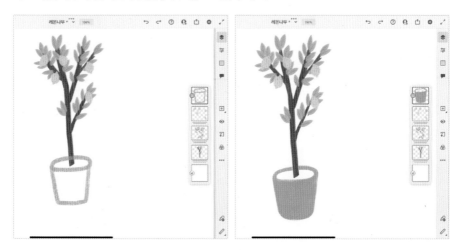

7 레이어를 추가하고 [라이브 브러시]-[유화]-[유화 청키], ■[R:198, G:143, B:80]으로 흙을 그리세요. 화분과 겹치는 부분을 [지우개]로 지워 주세요.

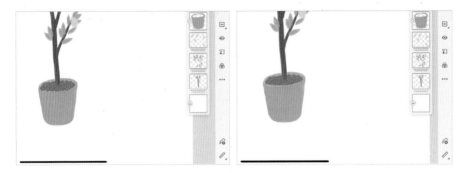

8 레이어를 추가하고 ■[R:153, G:153, B:153]으로 돌멩이를 그려 주세요. 레이어를 추가하고 [픽셀 브러시]-[레터링]-[고정된 변수]로 화분 위에 구분선을 그리세요.

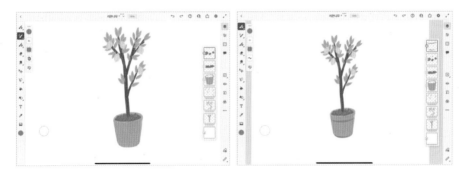

⑨ 화분, 흙, 돌멩이 레이어를 [그룹]으로 묶어 주세요. [다중 선택]으로 레이어를 모두 선택하고 [변환]을 눌러서 전체 크기를 조절하고 위치를 재배치합니다.

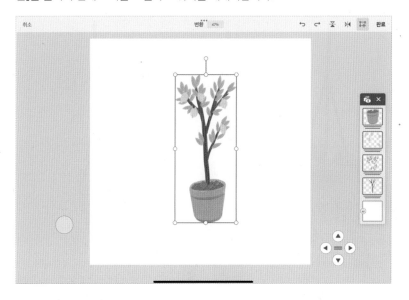

⑩ 레이어를 추가하고 ▥[R:255, G:208, B:12]로 Lemon tree를 적어 주세요. 향긋한 레몬 나무가 완성되었습니다.

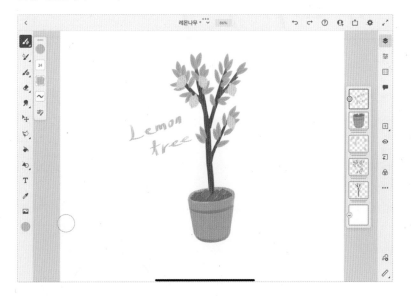

Drawing 06 — 행잉 플랜트

다양한 식물 중에서 공중에 매달아 키우는 보스턴 고사리, 박쥐란, 콩란을 그릴 거예요. 잎이 흘러내리는 느낌이 매력적인 행잉 플랜트를 [유화 디테일]로 그려 보아요.

- 화면 크기 : 정사각형(2,100×2,100px)
- 브러시 : [유화 디테일], [고정된 변수]
- 색상 : ■ R 69, G 147, B 81   ■ R 206, G 138, B 89   ■ R 82, G 61, B 47   ■ R 172, G 89, B 29
  ■ R 166, G 188, B 76   ■ R 51, G 140, B 60   ■ R 199, G 104, B 35   ■ R 43, G 123, B 64
- 사용한 기기 : 아이패드

1 캔버스 크기는 [정사각형(2,100×2,100px)]으로 선택하세요. 먼저 [라이브 브러시]-[유화]-[유화 디테일]을 사용하겠습니다. ■[R:69, G:147, B:81]로 식물의 줄기를 그리세요. 브러시의 크기를 조금 줄여서 줄기 양 옆으로 잎을 그리세요.

2 식물 아래에 레이어를 추가하고 ■[R:206, G:138, B:89]로 화분을 그려 채색하세요.

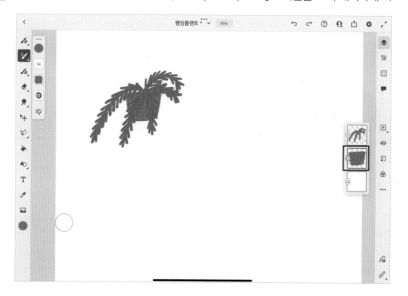

3 식물과 화분을 [그룹]으로 만들어 주세요. 레이어를 추가하고 ■[R:82, G:61, B:47]로 화분을 공중에 매달 수 있는 줄을 그리고 식물과 겹치는 부분을 [지우개]로 정리하세요.

4 식물과 줄을 [그룹]으로 묶으세요. 레이어를 추가하고 ■[R:172, G:89, B:29]로 박쥐란의 나무판자를 그리세요.

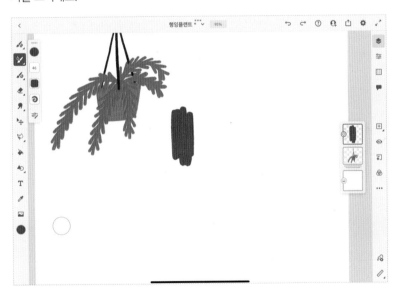

⑤ 레이어를 추가하고 ▉[R:166, G:188, B:76]으로 이끼를 그리세요.

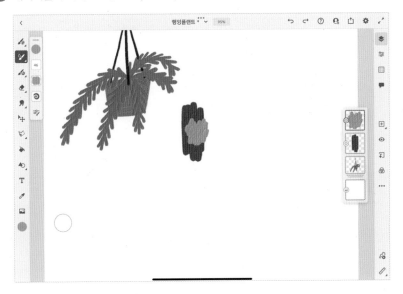

⑥ 레이어를 추가하고 ▉[R:51, G:140, B:60]으로 박쥐란의 잎을 그리세요.

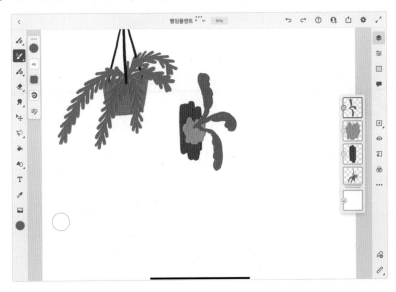

7 레이어를 추가하고 공중에 식물을 매달 수 있는 줄을 ■[R:82, G:61, B:47]로 그려 주세요.

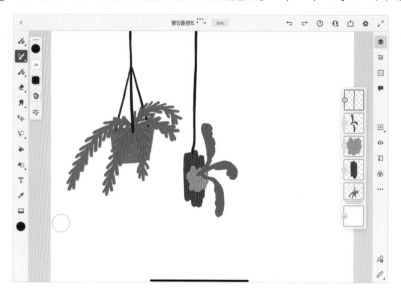

8 박쥐란을 [그룹]으로 묶어 주세요. 레이어를 추가하고 ■[R:199, G:104, B:35]로 화분을 그리세요.
레이어를 추가하고 ■[R:43, G:123, B:64]로 콩란을 그려 주세요.

9 레이어를 추가하고 ■[R:82, G:61, B:47]로 마찬가지로 식물을 매달 수 있는 줄을 그리고 [지우개]로 정리하세요.

10 콩란 레이어들을 [그룹]으로 묶어 주세요. 레이어를 추가하고 [픽셀 브러시]-[레터링]-[고정된 변수]로 hanging plant를 적어 주세요. 행잉 플랜트가 완성되었습니다.

LP player

happy

즐거운 날의 기록

일상에서 즐거운 날은 언제인가요?

즐거웠던 날을 기억할 수 있는 물건들과 음식 그리고 기념일!

추억을 그림으로 함께 기록해 볼까요?

LP 플레이어

LP 플레이어를 그려 볼게요. 질감이 매력적인 LP로 그릴 거예요. 치지직 소리와 함께 듣는 LP 플레이어를 그려 볼까요?

- 화면 크기 : 정사각형(2,100×2,100px)
- 브러시 : [유화 라운드], [목탄 연필], [고정된 변수]
- 색상 : ■ R 154, G 193, B 217   ■ R 86, G 128, B 154   ■ R 242, G 228, B 216   ■ R 109, G 103, B 97
  ■ R 63, G 52, B 43   ■ R 154, G 38, B 15   ☐ R 255, G 255, B 255
- 사용한 기기 : 아이패드

1 캔버스 크기는 [정사각형(2,100×2,100px)]으로 선택하세요. 먼저 [라이브 브러시]-[유화]-[유화 라운드]를 사용하겠습니다. ■[R:154, G:193, B:217]로 직사각형 모양을 그리고 채색하세요. [지우개]로 정리해 반듯한 직사각형으로 만들어 주세요.

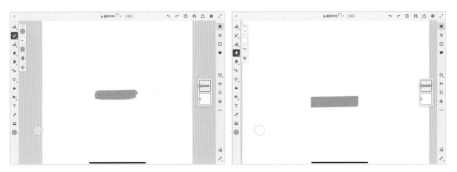

2 직사각형 아래에 레이어를 추가하세요. ■[R:86, G:128, B:154]로 LP 플레이어의 옆면을 그립니다. 옆면의 외곽을 [지우개]로 정리하세요.

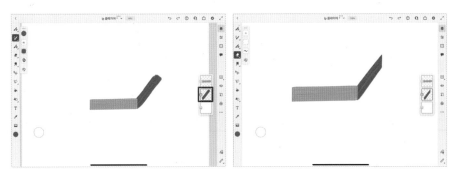

3 LP 플레이어 옆면 아래에 레이어를 추가하세요. ■[R:242, G:228, B:216]으로 윗면을 그리고 채색하세요. [지우개]로 외곽을 정리합니다.

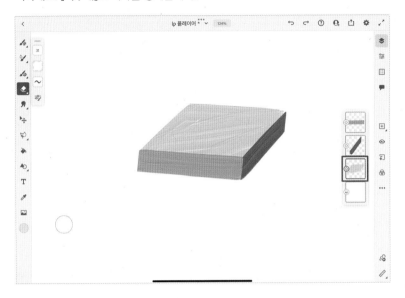

4 레이어를 추가하고 ■[R:109, G:103, B:97]로 엘피판을 그리고 채색하세요.

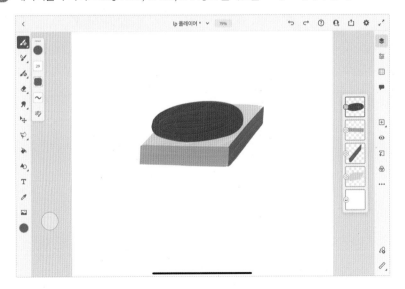

5 레이어를 추가하고 ■[R:63, G:52, B:43]으로 엘피판의 중심, 톤암, 바늘을 그리세요.

6 엘피판과 톤암 사이에 레이어를 추가하고 [픽셀 브러시]–[목탄]–[목탄 연필]로 엘피판의 질감을 표현해 주세요.

⑦ 레이어를 추가하고 [라이브 브러시]-[유화]-[유화 라운드], ■[R:154, G:38, B:15]로 버튼과 스피커를 그리세요.

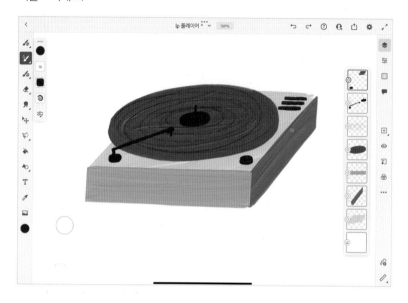

⑧ 레이어를 추가하고 [픽셀 브러시]-[레터링]-[고정된 변수], ■[R:86, G:128, B:154]로 코드 선을 그리고 그림과 같이 LP 플레이어의 윗면과 옆면을 구분하는 선을 그리세요.

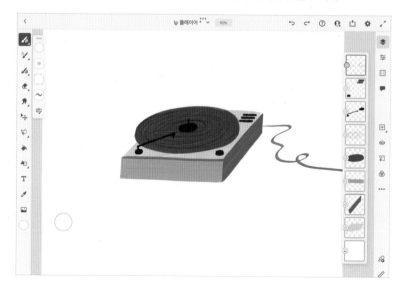

9 [픽셀 브러시]–[목탄]–[목탄 연필], □[R:255, G:255, B:255]로 톤암과 버튼의 세부 모양, 엘피판 중심의 세부 모양의 구분선을 그리세요.

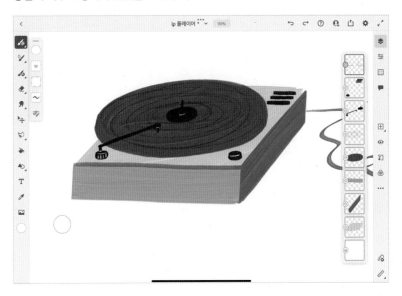

10 레이어를 추가하고 [픽셀 브러시]–[레터링]–[고정된 변수], ■[R:86, G:128, B:154]로 LP Player 를 적어 주세요. LP 플레이어가 완성되었습니다.

[수채화 원형 브러시]의 자연스러운 번짐 효과로 종이 질감을 내고 [목탄 연필]로 엽서의 세부 모양을 그릴 수 있어요. 세상에 하나뿐인 엽서를 함께 그려요.

- 화면 크기 : 정사각형(2,100×2,100px)
- 브러시 : [수채화 효과 워시 소프트], [고정된 변수], [목탄 연필]
- 색상 : ☐ R 241, G 237, B 205　☐ R 241, G 220, B 205　☐ R 177, G 220, B 210　☐ R 237, G 154, B 163
　　　　■ R 218, G 160, B 136　■ R 235, G 95, B 35　■ R 65, G 162, B 218　■ R 24, G 133, B 36
　　　　■ R 104, G 128, B 182　☐ R 255, G 255, B 255
- 사용한 기기 : 아이패드

1 캔버스 크기는 **[정사각형(2,100×2,100px)]**으로 선택하세요. 먼저 **[라이브 브러시]-[수채화]-[수 채화 효과 워시 소프트]**를 사용하겠습니다. [R: 241, G:237, B:205]로 펼쳐진 엽서 모양을 그리 고 채색하세요.

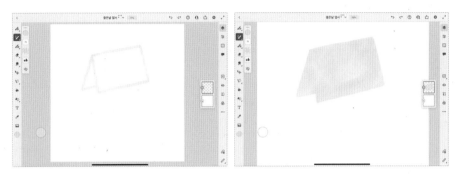

2 레이어를 추가하고 [R:241, G:220, B:205]로 바닥에 놓인 모양의 사각형을 그리세요.

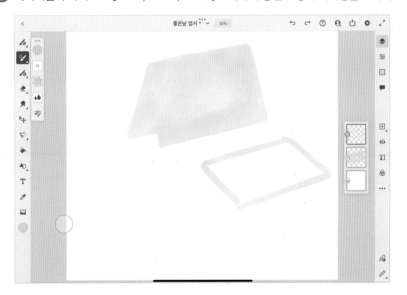

3 엽서를 채색하고 레이어를 추가하세요. ■[R:177, G:220, B:210]으로 작은 사이즈의 엽서를 하나 더 그리세요. 수채화의 번짐을 보면서 엽서의 내부를 채색하세요.

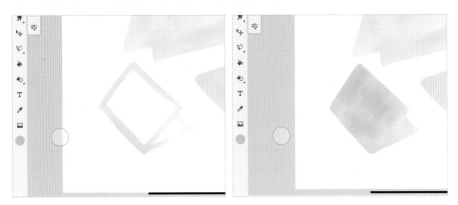

4 3장의 엽서를 모두 [**지우개**]로 깔끔하게 정리합니다.

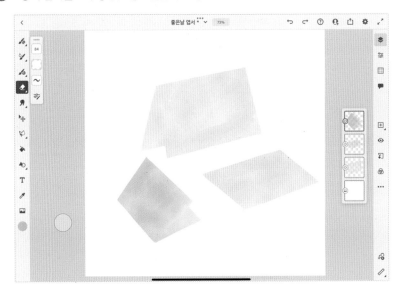

⑤ 각각의 엽서 위에 레이어들을 추가하면서 모두 [레이어 속성]에서 [혼합모드]-[곱하기]를 설정하세요. [곱하기]가 설정된 각각의 레이어에 [픽셀 브러시]-[레터링]-[고정된 변수]로 엽서와 동일한 컬러를 사용해 옆면을 그리세요.

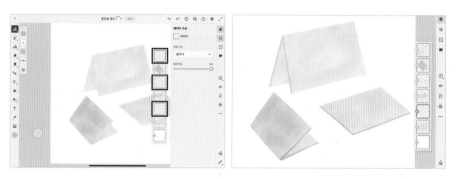

⑥ 엽서를 각각 [그룹]으로 묶어 주세요. 세워진 엽서 위에 레이어를 추가하고 [픽셀 브러시]-[목탄]-[목탄 연필], ■[R:237, G:154, B:163]으로 Thank you를 적고 하트도 그리세요.

7 붉은 엽서 위에 레이어를 추가하고 ■[R:218, G:160, B:136]으로 엽서 봉투 모양을 그리세요.
■[R:235, G:95, B:35]으로 봉투 위에 하트 스티커를 붙여 주세요.

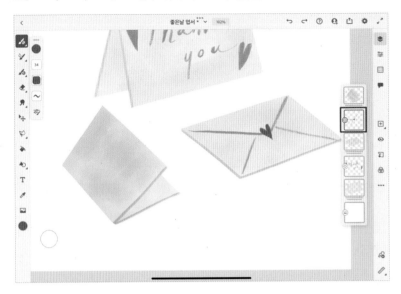

8 푸른 엽서 위에 레이어를 추가하고 ■[R:65, G:162, B:218], ■[R:24, G:133, B:36]으로 HAPPY
BIRTHDAY를 적어 주세요.

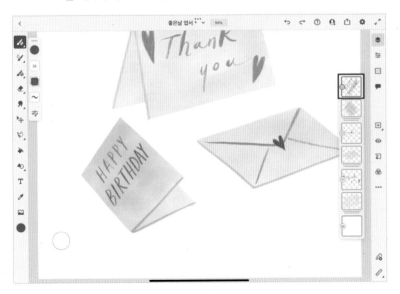

9 문구에 ■[R:104, G:128, B:182]로 선물 상자를 그려서 채색하세요. □[R:255, G:255, B:255]로
선물 상자의 리본을 그립니다.

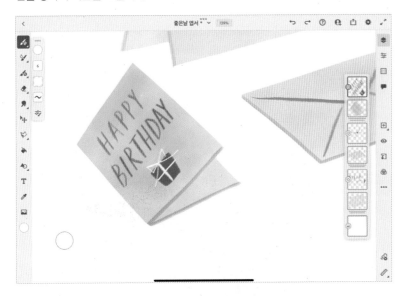

10 엽서를 각각 [그룹]으로 묶어 주세요. 레이어를 추가하고 [픽셀 브러시]-[레터링]-[고정된 변수]로
선물 상자를 그릴 때 사용한 ■[R:104, G:128, B:182]로 My Love Letter를 적어 주세요. 좋은 날
빠질 수 없는 엽서가 완성되었습니다.

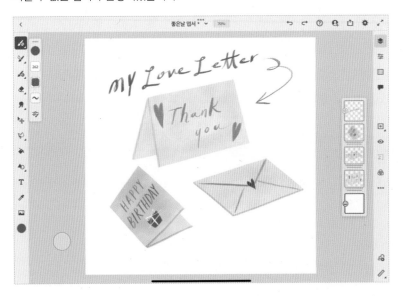

보기만 해도 달콤해지는 초코 크림이 가득한 초코 케이크를 그려 볼게요. [유화 라운드]로 크림의
몽글몽글한 느낌을 표현할 수 있어요.

• 화면 크기 : 정사각형(2,100×2,100px)

• 브러시 : [유화 라운드], [고정된 변수]

• 색상 : ■ R 112, G 60, B 21　　■ R 99, G 55, B 22　　■ R 141,G 75, B 24　　■ R 170, G 3, B 5

　　　　□ R 255, G 255, B 255　　■ R 255, G 212, B 80　　■ R 255, G 83, B 0　　■ R 221, G 210, B 210

　　　　■ R 250, G 161, B 163　　■ R 192, G 236, B 255

• 사용한 기기 : 아이패드

1 캔버스 크기는 [정사각형(2,100×2,100px)]으로 선택하세요. 우측 하단의 [그리기 보조 도구]-[원형]으로 타원형을 만들어 주세요.

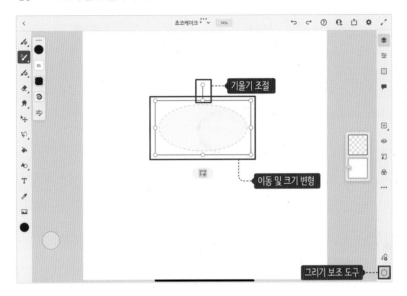

> **Note** / [그리기 보조 도구]로 타원형 그리는 법
>
> 인터페이스 우측 하단의 [그리기 보조 도구]를 길게 꾹 누르면 [눈금자], [원형], [정사각형] 등의 도형이 표시됩니다. [원형]을 선택하면 원형과 컨트롤 박스가 발생합니다. 사용법은 [선택] 도구와 동일합니다.

2 먼저 [라이브 브러시]-[유화]-[유화 라운드], ■[R:112, G:60, B:21]로 케이크의 윗면이 될 타원을 그려 주세요. 타원을 따라서 브러시로 색칠하면 깔끔하게 그려집니다.

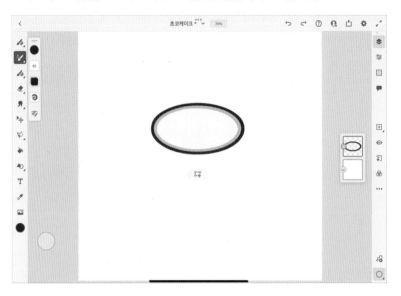

3 [그리기 보조 도구]를 다시 눌러서 [원형]을 비활성화하고 윗면 내부를 채색하세요. 케이크 윗면 아래에 레이어를 추가하고 ■[R:99, G:55, B:22]로 케이크의 옆면을 그리세요.

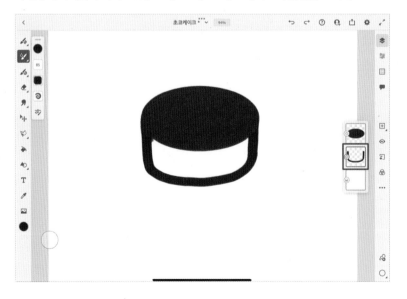

4 유화 브러시의 특성을 살려 세로 방향으로 유화 브러시 결이 남도록 채색하세요.

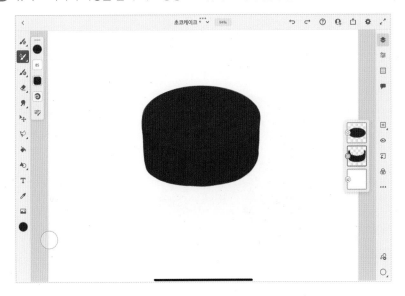

5 레이어를 추가하고 ■[R:141, G:75, B:24]로 케이크 윗면과 옆면에 작은 크림들을 각각 이어서 그려 주세요.

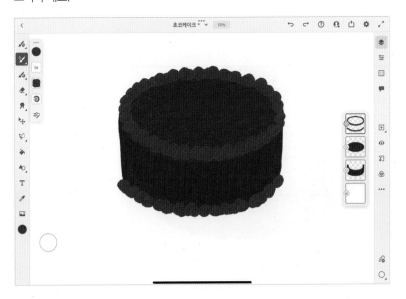

6 레이어를 추가하고 케이크 옆면의 중간에 케이크를 꾸며 주는 크림 모양을 그리세요. 외곽으로 튀어나온 부분은 [지우개]로 정리하세요.

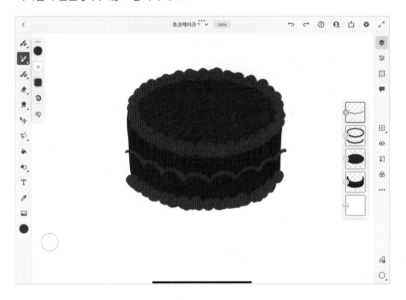

7 레이어를 추가하고 케이크 윗면에 작은 크림들을 그리세요.

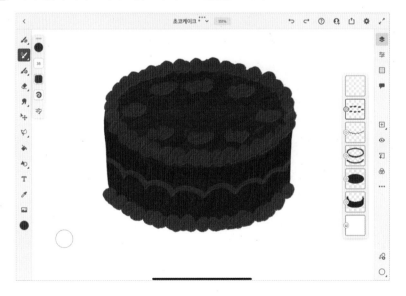

8 레이어를 추가하고 ■[R:170, G:3, B:5]로 동글동글한 체리를 그리세요. □[R:255, G:255, B:255]로 윗면의 체리 주변으로 작은 점들을 찍고, 옆면에 작은 점을 그리세요.

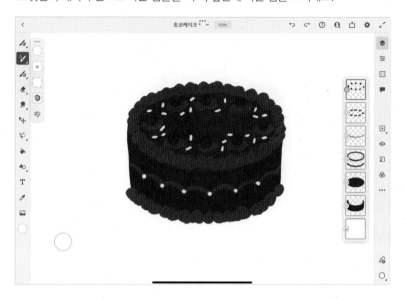

9 새로운 레이어를 추가하고 ▧[R:255, G:212, B:80]으로 초와 촛불을 그려 주세요.

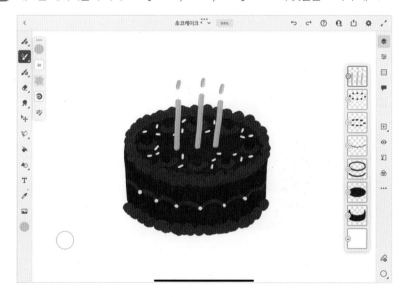

⑩ 촛불 레이어에서 [레이어 작업]-[투명도 잠금]을 설정하세요.

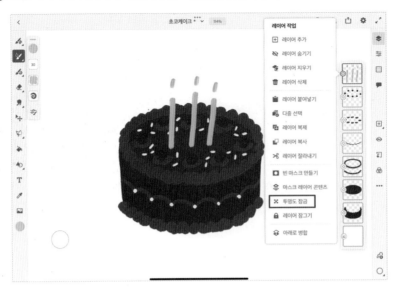

⑪ 색상을 ■[R:255, G:83, B:0]으로 변경 후 [페인트 혼합]을 낮춰 주세요. 초의 무늬를 그리고 촛불
내부의 진한 부분도 채색하세요.

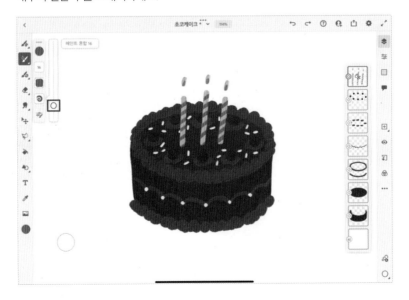

⓬ [투명도 잠금]을 해제하고 ■[R:141, G:75, B:24]로 초의 심지를 그리세요.

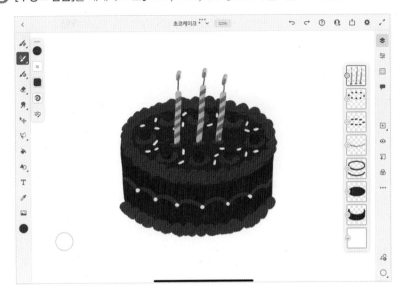

⓭ 케이크를 [그룹]으로 묶으세요. 케이크 아래에 레이어를 추가하고 ■[R:221, G:210, B:210]으로 접시를 그리세요.

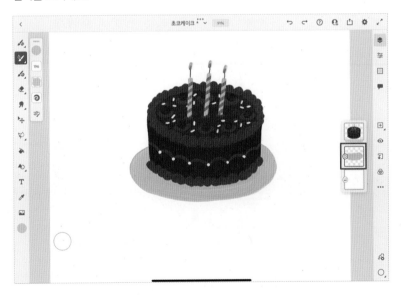

14 접시 위에 레이어를 추가하고 ■[R:170, G:3, B:5]로 접시의 무늬를 그리세요.

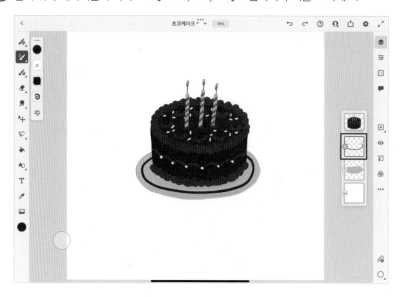

15 접시 레이어를 모두 [**그룹**]으로 묶어 줍니다. 레이어를 추가하고 [**픽셀 브러시**]-[**레터링**]-[**고정된 변수**], ■[R:250, G:161, B:163]으로 happy birthday를 적어 주세요.

16 레이어를 추가하고 ▨[R:192, G:236, B:255]로 케이크 주변의 리본을, ▨[R:255, G:212, B:80]으로 반짝이를 그리세요. 몽글몽글한 크림이 가득한 케이크가 완성되었습니다.

Drawing 04 은은한 불빛의 캔들

candle

은은하게 향기나는 캔들이 타고 있으면 불빛을 멍하니 보게 돼요. 분위기 가득! 초가 녹고 있는 느낌을 표현하기에 딱인 [유화 라운드]로 캔들을 그려볼 거예요.

- 화면 크기 : 정사각형(2,100×2,100px)
- 브러시 : [유화 라운드], [부드러운 분필], [고정된 변수]
- 색상 : ■ R 36, G 56, B 135　　■ R 122, G 160, B 173　　□ R 247, G 247, B 244　　■ R 223, G 143, B 84
　　　　 ■ R 44, G 127, B 75　　■ R 210, G 201, B 188　　■ R 255, G 214, B 65　　■ R 255, G 180, B 65
　　　　 ■ R 207, G 231, B 240　　□ R 255, G 255, B 255
- 사용한 기기 : 아이패드

1 캔버스 크기는 [정사각형(2,100×2,100px)]으로 선택하세요. 우측 하단의 [그리기 보조 도구]–[정사각형]으로 직사각형을 만들어 주세요.

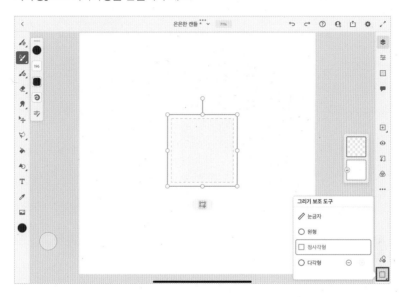

2 [라이브 브러시]–[유화]–[유화 라운드], ■[R:36, G:56, B:135]로 직사각형을 그립니다.

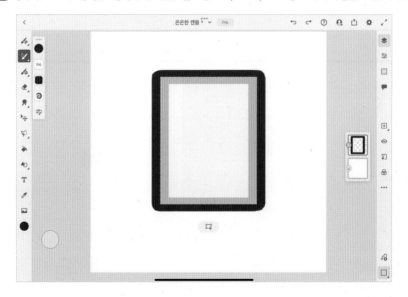

③ [그리기 보조 도구]를 다시 눌러서 비활성화하고, 세로 방향으로 채색해 주세요.

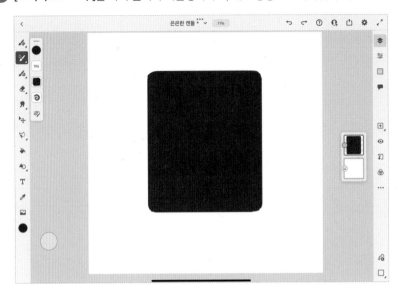

④ 레이어를 추가하고 [그리기 보조 도구]-[정사각형]으로 동일하게 직사각형을 그립니다. 색상은 ■[R:122, G:160, B:173]을 선택하세요.

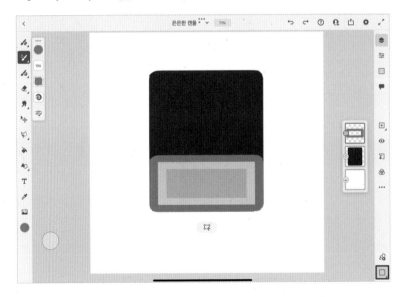

5 직사각형의 내부를 채색합니다. 외곽으로 튀어나온 부분이 있다면 **[지우개]**로 정리하세요.

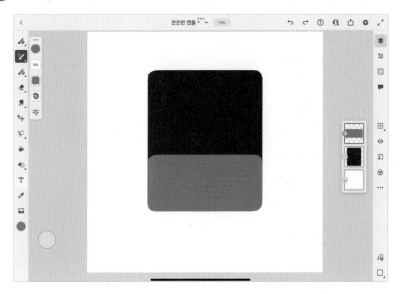

6 레이어를 추가하고 ☐[R:247, G:247, B:244]로 초를 그리세요. 초가 녹은 듯한 느낌을 내기에 **[유화 라운드]**가 아주 좋아요.

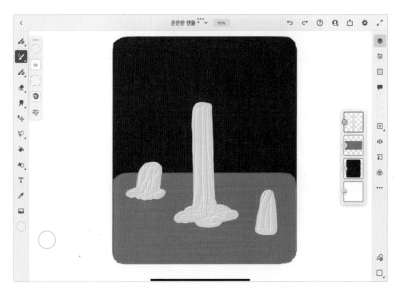

7 초 아래에 레이어를 추가하세요. ■[R:223, G:143, B:84]로 초 받침대를 그리세요.

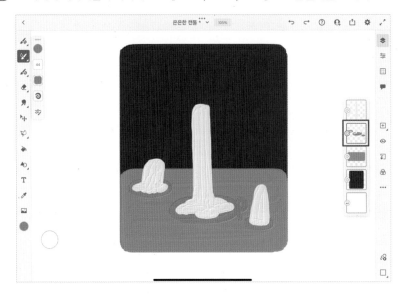

8 초 받침대 위에 레이어를 추가하고 ■[R:44, G:127, B:75]로 받침 무늬를 그리세요.

9 초 위에 레이어를 추가하세요. ■[R:210, G:201, B:188]로 초의 심지와 옆면을 구분하는 선을 그리세요.

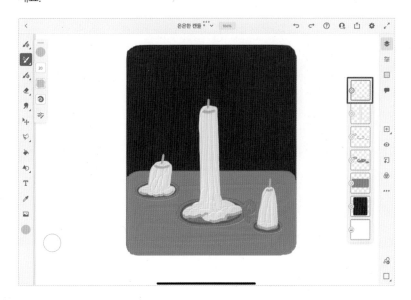

10 레이어를 추가하고 ■[R:255, G:214, B:65], ■[R:255, G:180, B:65]로 촛불을 그리세요. 완성된 초는 [그룹]으로 묶어 주세요.

⑪ 테이블 위에 레이어를 추가하고 **[레이어 클립]**을 설정하세요. **[픽셀 브러시]**–**[드라이 미디어]**–**[부드러운 분필]**, ▨[R:207, G:231, B:240], ■[R:36, G:56, B:135]로 무늬를 그립니다.

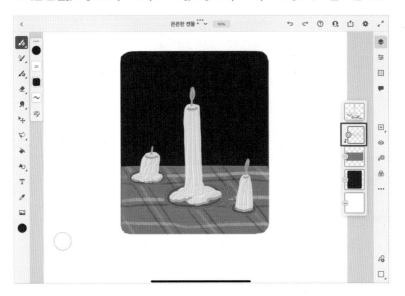

⑫ 레이어를 추가하고 ☐[R:255, G:255, B:255]로 꺼진 불의 연기를 그리세요.

⑬ 레이어를 추가하고 [픽셀 브러시]-[레터링]-[고정된 변수], ■[R:36, G:56, B:135]로 candle을 적어 주세요.

⑭ 레이어를 추가하고 [픽셀 브러시]-[드라이 미디어]-[부드러운 분필], ▨[R:255, G:214, B:65]로 빛이 퍼진다는 느낌이 들도록 불빛을 그리세요. 분위기 있는 캔들이 완성되었습니다.

Drawing 05 샴페인과 함께하는 즐거운 파티

파티의 즐거움을 더하는 샴페인을 그려 볼게요. [수채화 효과 워시 플랫]의 번짐 표현으로 샴페인과
샴페인잔을 그려 보아요.

- 화면 크기 : 정사각형(2,100×2,100px)
- 브러시 : [수채화 효과 워시 플랫], [목탄 연필], [고정된 변수]
- 색상 : ■ R 255, G 179, B 179　　■ R 73, G 195, B 149　　■ R 254, G 135, B 135　　□ R 255, G 255, B 255
　　　　 ■ R 23, G 108, B 77　　■ R 255, G 211, B 54　　■ R 230, G 24, B 24　　■ R 86, G 25, B 25
- 사용한 기기 : 아이패드

① 캔버스 크기는 [정사각형(2,100×2,100px)]으로 선택하세요. 먼저 [라이브 브러시]-[수채화]-[수
채화 효과 워시 플랫]를 사용하겠습니다. ■[R:255, G:179, B:179]로 샴페인병 입구의 포장을 그리
고 채색하세요.

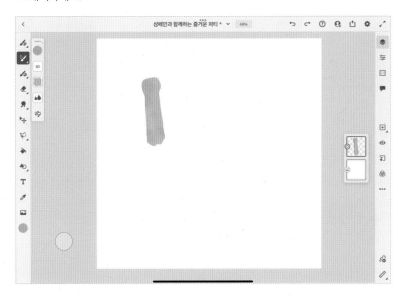

② 새로운 레이어를 아래에 추가하고 ■[R:73, G:195, B:149]로 바디를 그리세요. 수채화 물감의 번
짐을 보면서 채색하세요. 채색을 하다가 외곽이 지저분하면 [지우개]로 정리하세요.

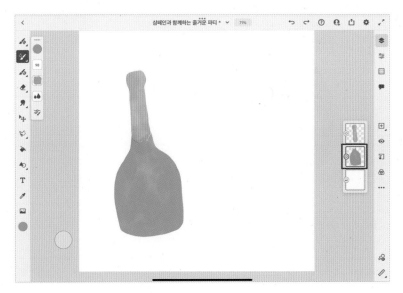

3 레이어를 추가하고 □[R:255, G:255, B:255]로 라벨을 그리세요.

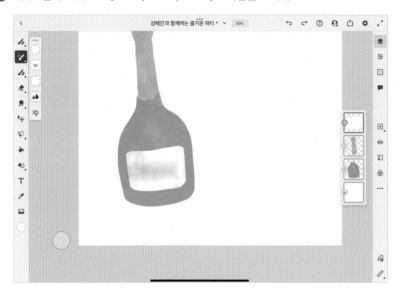

4 라벨의 외곽을 [지우개]로 각진 모양으로 만들어 주세요.

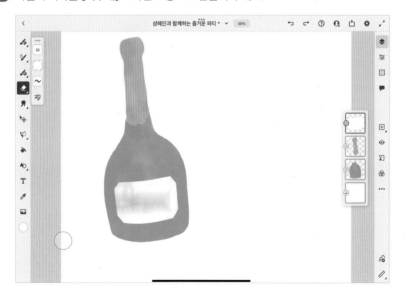

5 레이어를 추가하고 [픽셀 브러시]–[목탄]–[목탄 연필], ▦[R:254, G:135, B:135]로 병과 라벨을 꾸며 주세요.

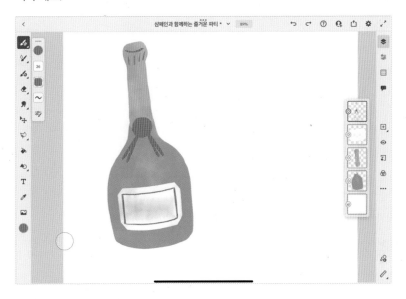

6 레이어를 추가하고 ■[R:23, G:108, B:77]로 라벨 위의 글자와 병의 세부 무늬를 그리세요.

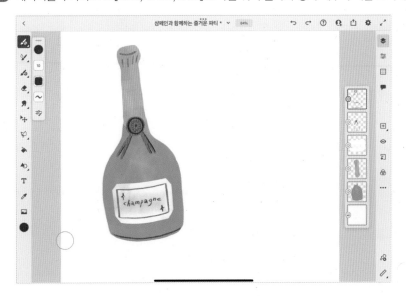

7 샴페인병은 [그룹]으로 묶어 주세요. 레이어를 추가하고 **[라이브 브러시]-[수채화]-[수채화 효과 워시 플랫]**, ▨[R: 255, G:211, B:54]로 샴페인을 그리세요. 레이어를 추가하고 다른 모양의 샴페인을 그리세요.

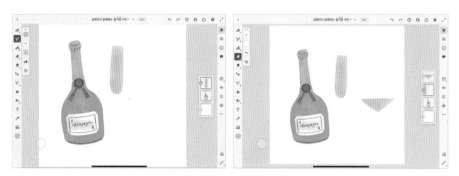

Tip. 잔 모양에 따라 액체 모양이 변하기 때문에 다양한 모양으로 그릴 수 있어요.

8 샴페인 위에 레이어를 각각 추가하고 **[픽셀 브러시]-[목탄]-[목탄 연필]**, ▨[R:255, G:179, B:179]로 샴페인잔을 그리세요.

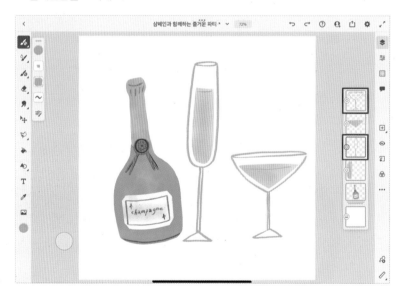

9 완성된 샴페인잔은 [그룹]으로 묶어 주세요. [변환]으로 크기와 위치를 재배치하세요.

10 삼각형 모양의 잔은 [레이어 그룹 복제]로 하나 더 만들고 [변환]으로 위치를 배치합니다.

⑪ 레이어를 추가하고 [픽셀 브러시]-[레터링]-[고정된 변수], ■[R:230, G:24, B:24]로 리본을 그리세요.

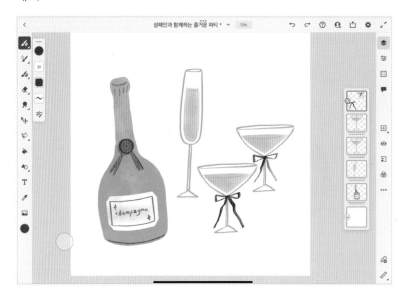

⑫ 레이어를 추가하고 ■[R:23, G:108, B:77]로 초록색 잎을 그리세요.

⓭ 레이어를 추가하고 ■[R:230, G:24, B:24]로 열매와 리본을 그립니다. [픽셀 브러시]-[목탄]-[목탄 연필], ■[R:86, G:25, B:25]로 열매 위에 작은 점을 그리세요.

⓮ 샴페인과 리본, 잎 레이어를 [그룹]으로 묶으세요. 레이어를 추가하고 ■[R:255, G:211, B:54], ■[R:73, G:195, B:149]로 주변을 꾸미세요. 샴페인과 함께하는 파티가 완성되었습니다.

Drawing 06 — 핼러윈 파티룩

으스스하지만 재밌는 분장을 볼 수 있는 핼러윈 파티룩을 그려볼 거예요. 마녀와 유령 그리고 호박 친구까지! 유화 브러시로 질감이 느껴지는 핼러윈 파티룩을 만들어 볼까요?

- 화면 크기 : 정사각형(2,100×2,100px)
- 브러시 : [유화 라운드]
- 색상 : ■ R 92, G 188, B 45   ■ R 90, G 31, B 139   ■ R 55, G 38, B 69   ■ R 176, G 101, B 13
  ■ R 85, G 49, B 7   ■ R 236, G 231, B 241   ■ R 236, G 27, B 22   ■ R 70, G 12, B 11
  ■ R 237, G 139, B 6   ■ R 45, G 96, B 37
- 사용한 기기 : 아이패드

1 캔버스 크기는 **[정사각형(2,100×2,100px)]**으로 선택하세요. **[라이브 브러시]-[유화]-[유화 라운드]**를 사용하겠습니다. ■[R:92, G:188, B:45]로 마녀 친구의 얼굴을 그리고 채색하세요.

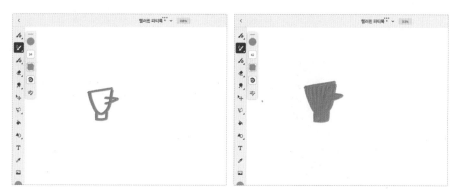

2 레이어를 추가하고 ■[R:90, G:31, B:139]로 마녀의 모자와 몸을 그리세요. 모자와 옷을 모두 채색합니다.

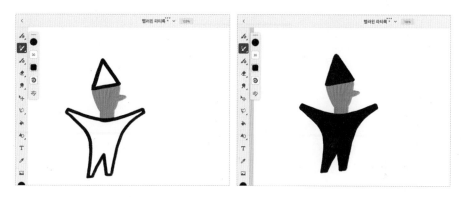

③ 얼굴 레이어에서 ■[R:92, G:188, B:45]로 손과 귀를 그리세요. ■[R:55, G:38, B:69]로 신발을
그리세요.

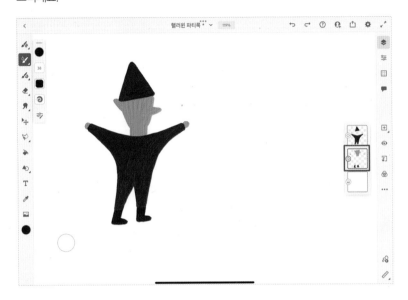

④ 얼굴 위에 레이어를 추가하고 이어서 마녀의 눈, 입, 머리카락을 그리세요.

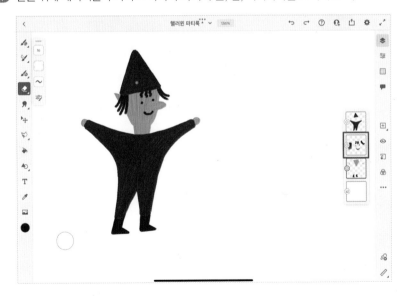

5 얼굴 아래에 레이어를 추가하고 ■[R:176, G:101, B:13]으로 빗자루를, ■[R:85, G:49, B:7]로 빗자루의 구분선을 그리세요.

6 레이어를 추가하고 ■[R:55, G:38, B:69]로 허리 벨트, 손목, 목의 구분선과 모자 장식을 그리세요.

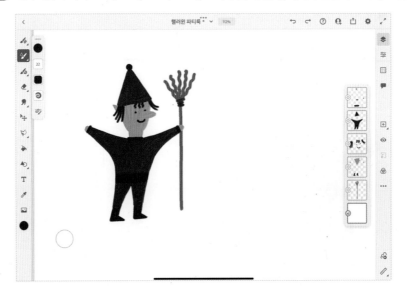

❼ 완성된 마녀는 [그룹]으로 묶어 주세요. 레이어를 추가하고 ▨[R:236, G:231, B:241]로 유령을 그리세요. 천을 쓰고 있기 때문에 세로 방향으로 채색하세요.

❽ 유령 아래에 레이어를 추가하고 ■[R:236, G:27, B:22]로 다리를 그리세요. 다리 위에 레이어를 추가해서 ■[R:70, G:12, B:11]로 신발을 그리세요.

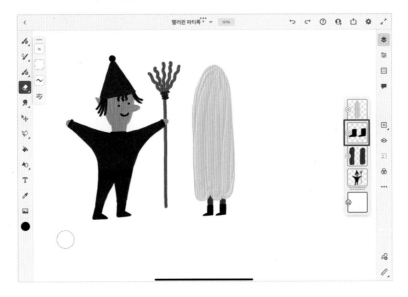

9 레이어를 추가하고 ■[R:70, G:12, B:11]로 눈과 입을 그리세요.

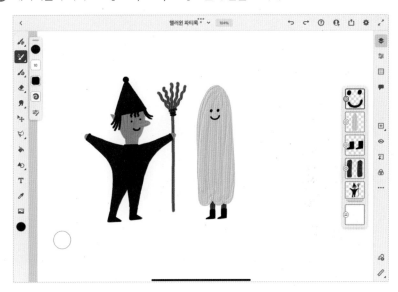

10 완성된 유령은 [그룹]으로 묶으세요. 레이어를 추가하고 ▓[R:237, G:139, B:6]으로 둥근 호박 2개를 그리세요.

⑪ 레이어를 추가하고 ■[R:45, G:96, B:37]로 호박의 꼭지와 팔과 다리를 그리세요. 손가락의 끝부분은 [지우개]로 정리하세요.

⑫ 레이어를 추가하고 ■[R:70, G:12, B:11]로 눈, 코, 입을 그리세요. 그 아래에 레이어를 추가하고 ■[R:236, G:27, B:22]로 신발을 그리세요.

⓭ 호박 위에 레이어를 추가하고 [레이어 클립]을 설정합니다. [레이어 속성]에서 [혼합 모드]–[곱하기]를 하고, ■[R:237, G:139, B:6]으로 호박의 결을 그리세요.

⓮ 호박 레이어를 [그룹]으로 묶으세요. 귀여운 핼러윈 파티룩이 완성되었습니다.

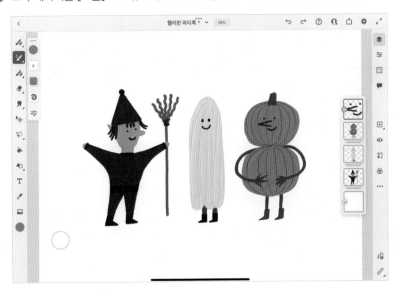

크리스마스라고 하면 반짝거리는 트리가 제일 먼저 생각나요. [수채화 효과 워시 소프트]로
자연스럽게 물감이 번지는 트리를 그려볼 거예요. [유화 라운드]로 유화 질감이 느껴지는 오너먼트도
함께 그려요.

- 화면 크기 : 정사각형(2,100×2,100px)

- 브러시 : [수채화 효과 워시 소프트], [유화 라운드], [부드러운 분필], [고정된 변수]

- 색상 : ■ R 30, G 166, B 28 ■ R 16, G 110, B 23 ■ R 255, G 200, B 37 ■ R 235, G 4, B 0

   ■ R 150, G 219, B 255 ■ R 0, G 167, B 255 ■ R 255, G 228, B 7 ■ R 81, G 32, B 30

   □ R 255, G 255, B 255 ■ R 194, G 120, B 65 ■ R 255, G 202, B 163

- 사용한 기기 : 아이패드

1️⃣ 캔버스 크기는 [정사각형(2,100×2,100px)]으로 선택하세요. 먼저 [라이브 브러시]-[수채화]-[수채화 워시 소프트]를 사용하겠습니다. ■[R:30, G:166, B:28]로 트리의 뽀족한 부분을 그리세요.

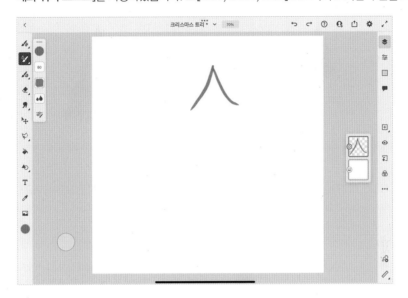

2️⃣ 트리 모양을 잡아 수채화 물감의 번짐으로 내부를 채색하세요.

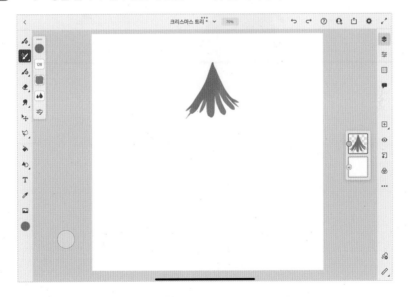

③ 트리 단이 층층이 나뉘도록 표현하세요.

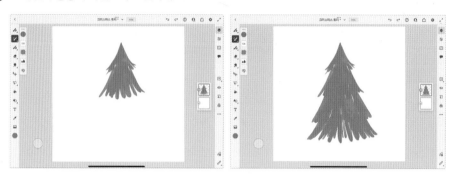

④ ■[R:16, G:110, B:23]으로 트리의 뾰족한 부분과 층층이 나뉜 끝부분에 번짐을 표현하세요.

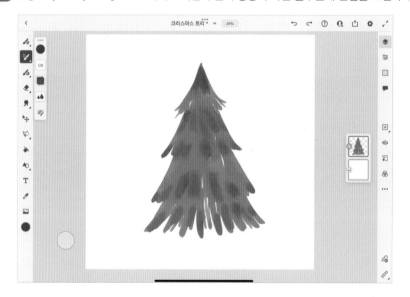

5 레이어를 추가하고 [라이브 브러시]-[유화]-[유화 라운드], ▓[R:255, G:200, B:37]로 별을 그리세요. 별의 끝부분은 [지우개]로 뾰족하게 지우세요.

6 레이어를 추가하고 ▓[R:235, G:4, B:0]으로 동그란 오너먼트를 그리세요.

7 레이어를 추가하고 □[R:255, G:255, B:255]로 지팡이 오너먼트를 그리세요.

8 지팡이 오너먼트 위에 레이어를 추가하세요. **[레이어 클립]**을 설정하고 ■[R:235, G:4, B:0]으로 줄무늬를 그리세요.

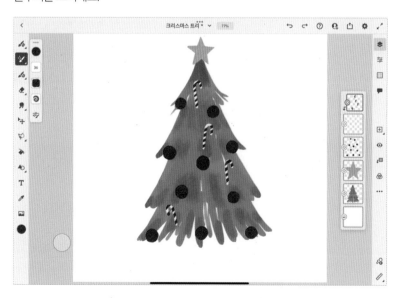

9 레이어를 추가하고 ■[R:150, G:219, B:255]로 양말을 그리세요.

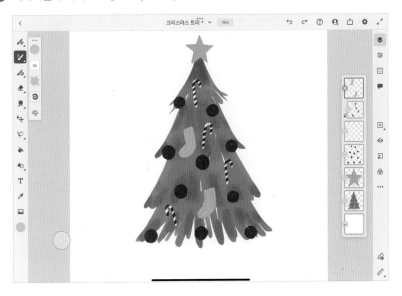

10 양말 위에 레이어를 추가하고 **[레이어 클립]**을 설정하세요. ■[R:0, G:167, B:255]로 양말 내부에 포인트 컬러를 그리세요.

⑪ 트리 위에 레이어를 추가하고 ■[R:16, G:110, B:23]으로 트리 내부 모양을 그리세요.

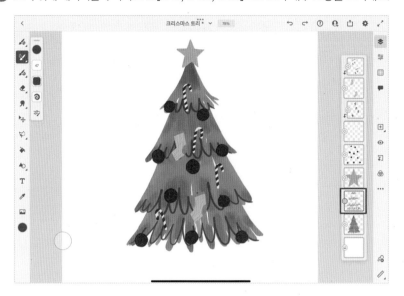

⑫ 그 위에 레이어를 추가하세요. ■[R:255, G:228, B:7]로 트리 장식을 연결해 그리세요.

⓭ 맨 위에 레이어를 추가하고 ■[R:81, G:32, B:30]으로 빨간 오너먼트와 양말의 끈을 그리세요.

⓮ □[R:255, G:255, B:255]로 별 위에 장식을 꾸미세요. 레이어를 추가하고 오너먼트에 반짝이는 무늬를 그리세요.

15 레이어를 추가하고 ■[R:194, G:120, B:65]로 사다리를 그리세요.

16 레이어를 추가하고 ■[R:255, G:202, B:163]으로 작은 원을 그리세요. 요정의 얼굴이 될 거예요.

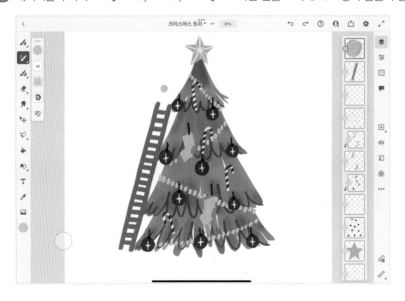

17 레이어를 추가하고 ■[R:235, G:4, B:0]으로 요정의 모자와 옷을 그리고 **[지우개]**로 깔끔하게 정리하세요.

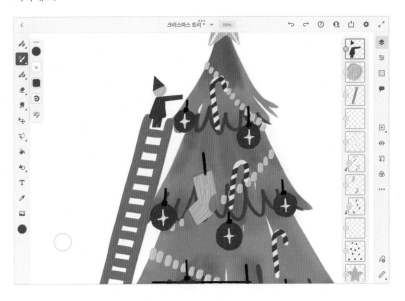

18 얼굴 레이어에서 ▨[R:255, G:202, B:163]으로 손을 만들고 ■[R:81, G:32, B:30]으로 신발을 그리세요. 얼굴 위에 레이어를 추가해 눈과 입을 그리세요.

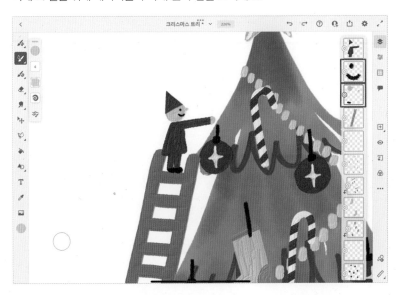

19 크리스마스 트리 레이어를 [그룹]으로 묶으세요. 사다리와 요정도 [그룹]으로 묶어 줍니다. 레이어를 추가하고 [픽셀 브러시]-[드라이 미디어]-[부드러운 분필], ■[R:255, G:228, B:7]로 트리 위에 반짝이는 효과를 그리세요.

20 레이어를 추가하고 [픽셀 브러시]-[레터링]-[고정된 변수], ■[R:235, G:4, B:0]으로 Merry christmas를 적어 주세요.

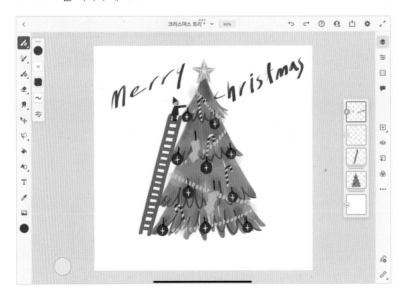

㉑ 레이어를 추가하고 트리 앞에 선물 상자를 그리세요. 다시 레이어를 추가하고 ■[R:16, G:110, B:23]으로 선물 상자에 리본을 그리세요.

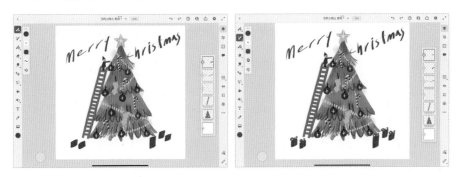

㉒ 레이어를 추가하고 [라이브 브러시]-[유화]-[유화 라운드]로 글자 아래에 매달려 있는 오너먼트를 그리세요. ■[R:255, G:200, B:37]로 오너먼트 위에 무늬를 그리고 글자와 연결하세요. 크리스마스 트리가 완성되었습니다.

내 손으로 그려 보는 사람들

일상의 순간에서 자신이나 주변 사람들의 모습을 그림으로 그려 본 적 있으신가요?

사람은 헤어스타일, 표정, 옷으로 다양하게 표현할 수 있어요.

사람을 쉽게 그리는 방법을 익혀 보고 우리의 일상 속 순간을 함께 그려 보아요.

Drawing 01 친구들의 얼굴

눈, 코, 입의 모양, 헤어스타일, 모자와 안경 등으로 다양한 얼굴을 표현할 수 있어요. [작은 끌]로 얼굴을 그려 보아요.

- 화면 크기 : 정사각형(2,100×2,100px)
- 브러시 : [작은 끌], [만년필]
- 색상 : ■ R 255, G 198, B 177   ■ R 255, G 167, B 124   ■ R 103, G 74, B 51   ■ R 222, G 4, B 14
  ■ R 184, G 109, B 8   ■ R 76, G 96, B 114
- 사용한 기기 : 아이패드

① 캔버스 크기는 [정사각형(2,100×2,100px)]으로 선택하세요. 먼저 [픽셀 브러시]-[레터링]-[작은 끌]을 사용하겠습니다. ▓[R:255, G:198, B:177]로 얼굴을 그리세요.

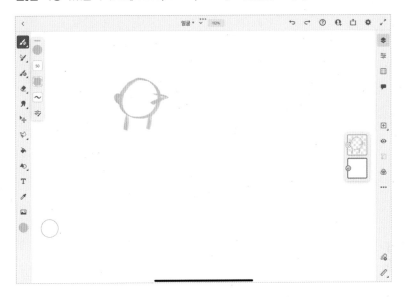

② 얼굴을 색칠하고 레이어를 추가해 [레이어 클립]으로 설정하세요. ▓[R:255, G:167, B:124]로 콧 등과 볼터치를 만드세요. 볼터치를 하면 훨씬 생기 넘치게 그릴 수 있어요.

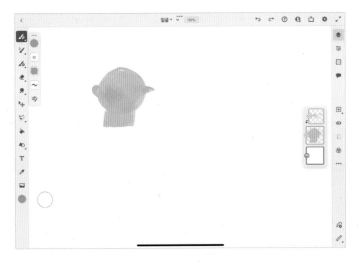

Tip. 볼터치는 붓자국이 남지 않도록 자연스럽게 음영을 만들어야 합니다. 펜슬을 강하게 누르지 말고 뉘어서 펜슬 촉의 옆면으로 살살 그려 보세요. 보드라운 느낌의 질감을 표현할 수 있어요!

③ 레이어를 추가하고 ■[R:103, G:74, B:51]로 머리카락을 그리세요. **[픽셀 브러시]–[잉크]–[만년필]**
로 눈, 입, 눈썹을 그리세요. 옆을 보는 얼굴이 완성되었습니다.

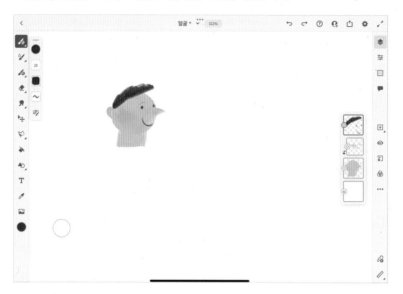

④ 옆을 보는 얼굴 레이어들을 **[그룹]**으로 묶으세요. 레이어를 추가하고 **[픽셀 브러시]–[레터링]–[작
은 끌]**, ■[R:255, G:198, B:177]로 얼굴을 그리고 색칠하세요.

5 레이어를 추가하고 [레이어 클립]을 설정하세요. ■[R:255, G:167, B:124]로 코와 볼터치를 그리세요.

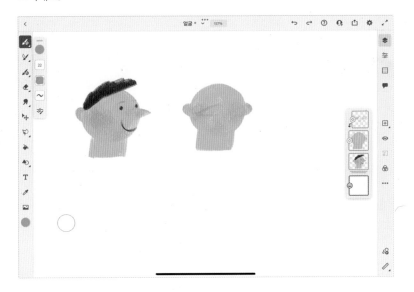

6 ■[R:103, G:74, B:51]로 5:5 가르마가 되도록 머리카락을 그리세요. [픽셀 브러시]–[잉크]–[만년 필]로 눈과 입을 그리세요.

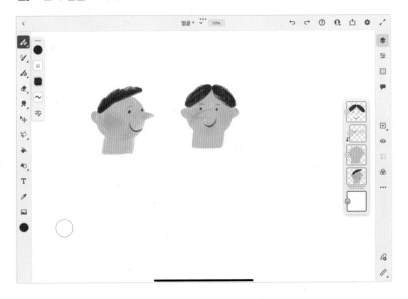

7 가르마 얼굴 레이어들을 [그룹]으로 묶으세요. 레이어를 추가하고 [픽셀 브러시]-[레터링]-[작은 끝], ■[R:255, G:198, B:177]로 얼굴을 그리고 색칠하세요.

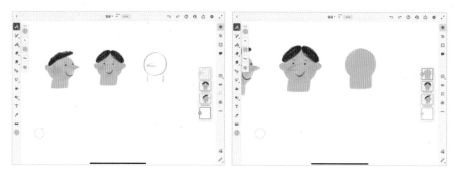

8 레이어를 추가하고 [레이어 클립]을 설정하세요. ■[R:255, G:167, B:124]로 코와 볼터치를 만드세요.

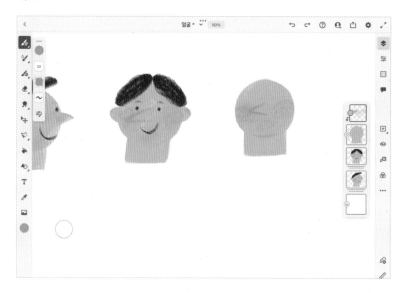

9 레이어를 추가하고 ■[R:103, G:74, B:51]로 앞머리가 있는 단발을 그리고 색칠하세요.

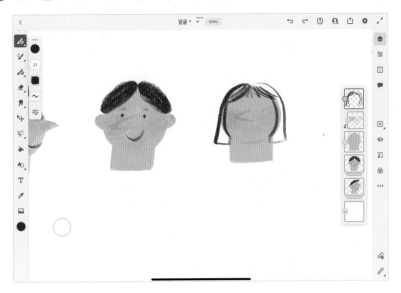

10 [픽셀 브러시]-[잉크]-[만년필]으로 눈와 입을 그리세요. 단발머리 얼굴의 레이어들을 [그룹]으로 묶으세요.

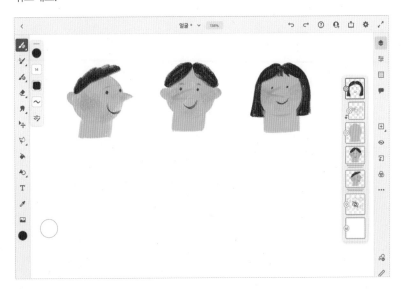

⑪ 레이어를 추가하고 **[픽셀 브러시]-[레터링]-[작은 끌]**, ▨[R:255, G:198, B:177]로 얼굴을 그리세요. 얼굴을 채색하면서 귀와 코를 같이 그리세요.

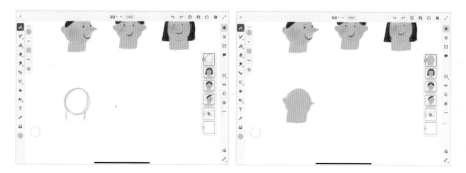

⑫ 레이어를 추가하고 **[레이어 클립]**을 설정하세요. ▨[R:255, G:167, B:124]로 콧등과 볼터치를 그리세요.

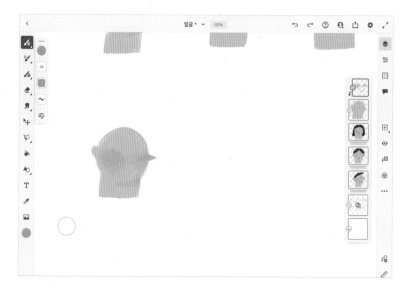

⓭ 레이어를 추가하고 ■[R:222, G:4, B:14]로 모자를 그려 채색하세요.

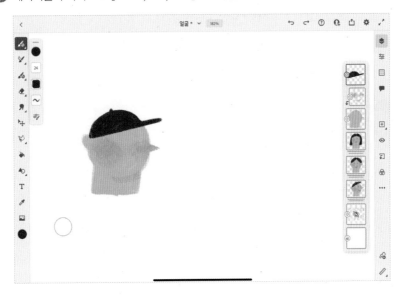

⓮ 빨간 모자와 얼굴 사이에 레이어를 추가하고 [픽셀 브러시]-[잉크]-[만년필], ■[R:103, G:74, B:51]로 머리카락, 눈, 입을 그리세요. 모자 쓴 얼굴 레이어들을 [그룹]으로 묶으세요.

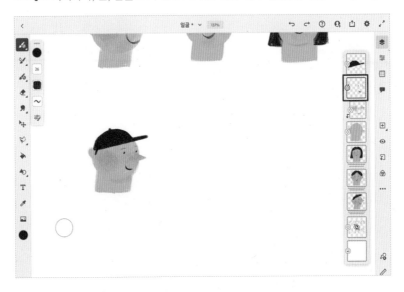

⑮ 레이어를 추가하고 [픽셀 브러시]-[레터링]-[작은 끌], ▨[R:255, G:198, B:177]로 얼굴을 그리세요. 귀를 그리고 채색하세요.

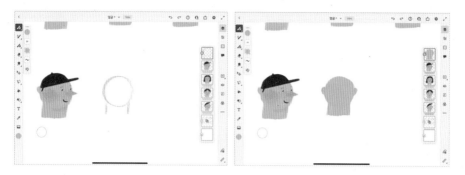

⑯ 레이어를 추가하고 [레이어 클립]을 설정하세요. ▨[R:255, G:167, B:124]로 코와 볼터치를 그리세요.

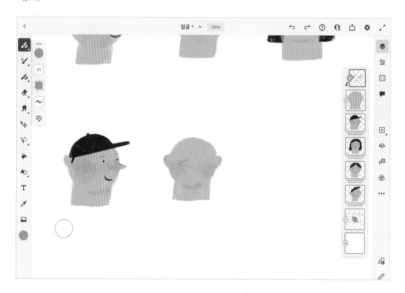

⑰ 레이어를 추가하고 ■[R:184, G:109, B:8]로 머리카락을 그리세요. 귀와 겹치는 부분과 머리 끝은 [지우개]로 정리하세요.

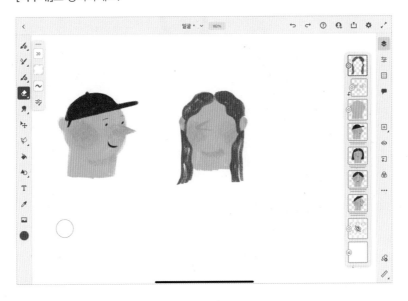

⑱ 머리카락과 얼굴 사이에 레이어를 추가하고 [픽셀 브러시]-[잉크]-[만년필], ■[R:103, G:74, B:51]로 눈과 입을 그리고 [그룹]으로 묶으세요.

⑲ 레이어를 추가하고 [픽셀 브러시]-[레터링]-[작은 끌], ■[R:255, G:198, B:177]로 얼굴을 그리세요.

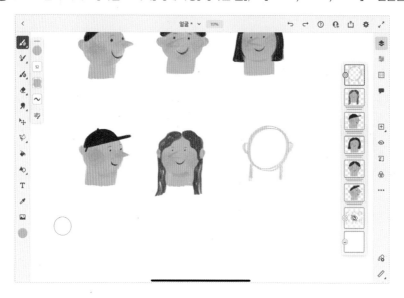

⑳ 얼굴을 채색하고 레이어를 추가해 [레이어 클립]을 설정하세요. ■[R:255, G:167, B:124]로 코와 볼터치를 그리세요.

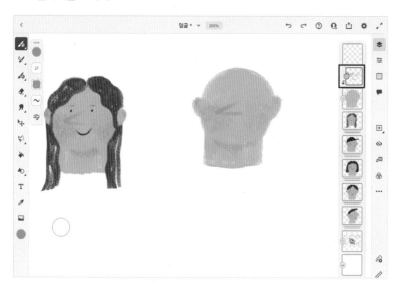

㉑ 레이어를 추가하고 [픽셀 브러시]-[잉크]-[만년필], ■[R:103, G:74, B:51]로 짧은 머리카락, 눈, 입을 그리세요. 레이어를 추가하고 ■[R:76, G:96, B:114]로 안경을 그리세요. 안경을 쓴 얼굴을 [그룹]으로 묶으세요.

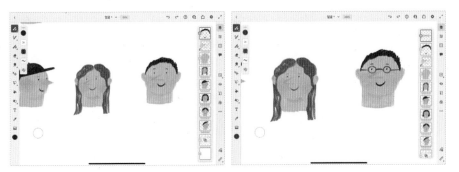

㉒ ■[R:255, G:198, B:177]로 face라고 적으세요. 친구들의 얼굴이 완성되었습니다!

가만히 서 있는 사람

얼굴과 어깨의 비율, 다리 길이의 비율을 알면 서 있는 사람을 쉽게 그릴 수 있어요!

- 화면 크기 : 정사각형(2,100×2,100px)
- 브러시 : [작은 끌], [만년필]
- 색상 : ■ R 255, G 198, B 177　　■ R 255, G 167, B 124　　■ R 97, G 59, B 55　　■ R 61, G 207, B 174

　　　　 ■ R 72, G 105, B 110　　■ R 153, G 205, B 212　　■ R 41, G 69, B 72　　■ R 206, G 188, B 170
- 사용한 기기 : 아이패드

1 캔버스 크기는 **[정사각형(2,100×2,100px)]**으로 선택하세요. 먼저 **[픽셀 브러시]**-**[레터링]**-**[작은 끝]**을 사용하겠습니다. ■[R:255, G:198, B:177]로 얼굴과 목을 연결하고 코와 귀도 그리세요.

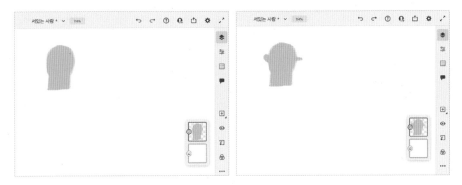

2 레이어를 추가하고 **[레이어 클립]**을 설정하세요. ■[R:255, G:167, B:124]로 콧등과 볼터치를 그리세요.

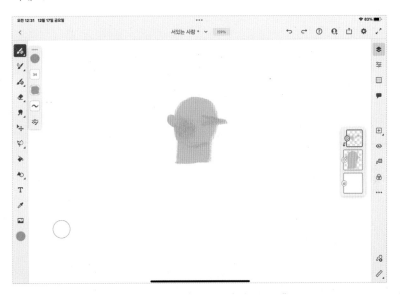

③ 레이어를 추가하고 ■[R:97, G:59, B:55]로 머리카락을 그리세요. [픽셀 브러시]-[잉크]-[만년필]로 눈과 입을 그리세요.

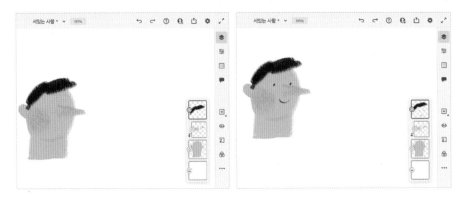

④ 완성된 얼굴은 [그룹]으로 묶으세요. 레이어를 추가하고 [픽셀 브러시]-[레터링]-[작은 끌], ■[R:61, G:207, B:174]로 목을 기준으로 양 옆에 **목 두께만큼**의 선을 그리세요.

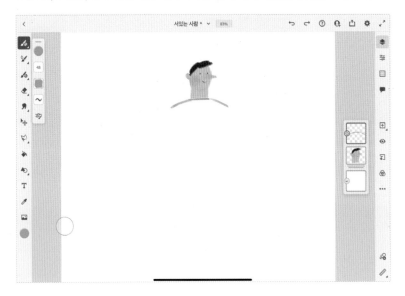

5 어깨 밑 겨드랑이부터 몸을 그리세요. 팔은 몸보다 길게 그리세요. 이때 팔 길이는 **바지의 호주머니 선**까지 그린다고 생각하면 좀 더 그리기 쉬울 거예요.

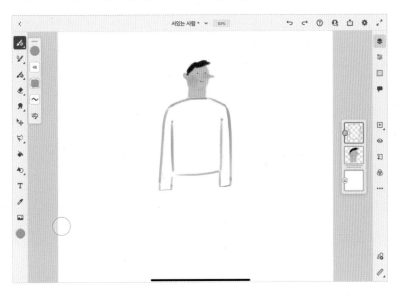

6 상의를 채색하세요. 외곽은 **[지우개]**로 정리합니다.

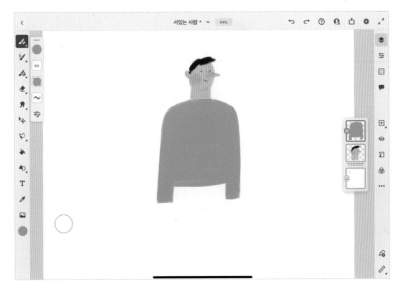

7 얼굴과 옷 사이에 레이어를 추가하고 ▧[R:255, G:198, B:177]로 손을 그리세요.

8 손 아래에 레이어를 추가하세요. ■[R:72, G:105, B:110]으로 바지의 **지퍼**만큼 선을 그리세요.

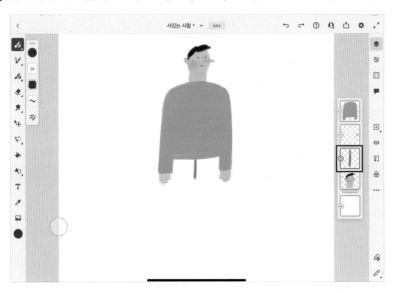

9 다리 사이가 많이 벌어지지 않도록 조심해서 바지를 **발목**까지 그리세요.

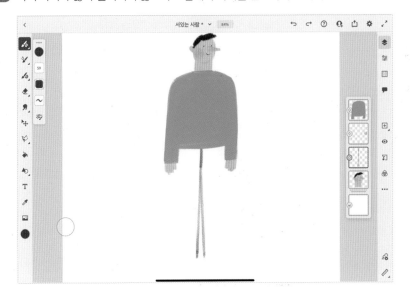

10 바지의 너비를 **상의 팔목 안**으로 연결되도록 그린 다음 채색하세요.

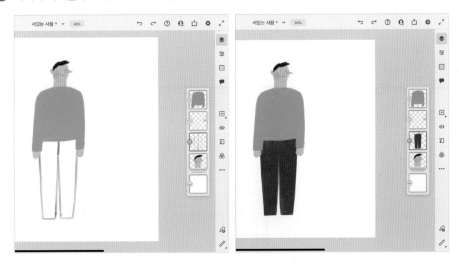

⑪ 레이어를 추가하고 팔과 옷을 구분하세요. ■[R:41, G:69, B:72]로 바지에 구분선을 그리세요.

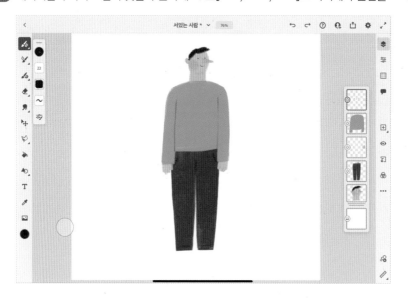

⑫ 얼굴 위에 레이어를 추가하고 ■[R:153, G:205, B:212]로 양말을 그리세요.

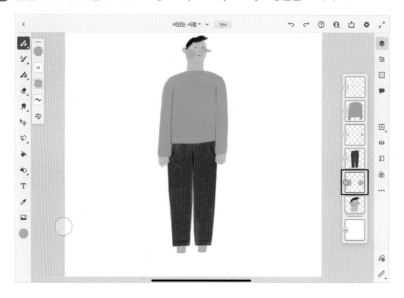

⓭ 양말 위에 레이어를 추가하고 ■[R:41, G:69, B:72]로 신발을 그리세요. [픽셀 브러시]-[잉크]-[만년필], ■[R:206, G:188, B:170]으로 신발 끈을 그리세요.

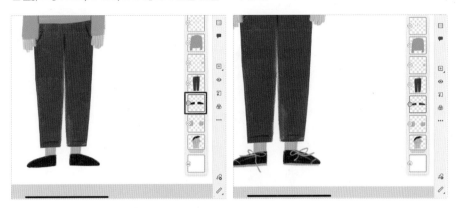

⓮ 서 있는 사람이 완성되었습니다.

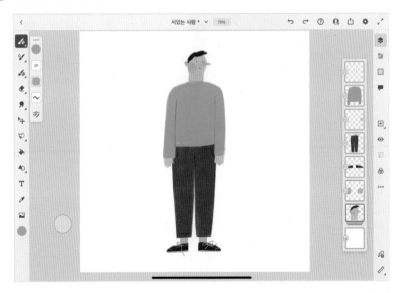

Drawing 03 앉아서 대화하는 사람

의자에 앉아 있는 사람을 그려요. 공원 벤치나 카페 의자에 앉아 대화하는 사람을 그릴 수 있어요.

- 화면 크기 : 정사각형(2,100×2,100px)
- 브러시 : [작은 끌], [만년필]
- 색상 :　■ R 255, G 198, B 177　　■ R 255, G 167, B 124　　■ R 97, G 59, B 55　　■ R 255, G 170, B 63

　　　　■ R 129, G 109, B 105　　■ R 64, G 59, B 57　　■ R 103, G 79, B 74　　■ R 111, G 198, B 212

　　　　■ R 30, G 109, B 121
- 사용한 기기 : 아이패드

1 캔버스 크기는 [정사각형(2,100×2,100px)]으로 선택하세요. 먼저 [픽셀 브러시]-[레터링]-[작은 끝]을 사용하겠습니다. ▨[R:255, G:198, B:177]로 얼굴을 그리고 채색하세요. 코와 귀도 함께 그립니다.

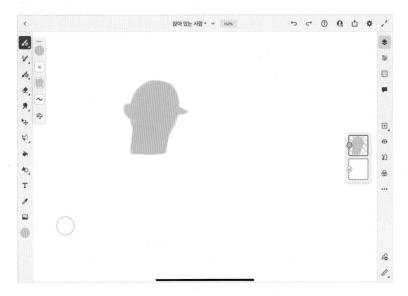

2 레이어를 추가해 [레이어 클립]을 설정하세요. ▨[R:255, G:167, B:124]로 콧등과 볼터치를 그리세요. 레이어를 하나 더 추가하고 ■[R:97, G:59, B:55]로 머리카락을 그리고 [픽셀 브러시]-[잉크]-[만년필]로 눈과 입을 완성하세요.

❸ 완성된 얼굴은 [**그룹**]으로 묶으세요. 레이어를 추가하고 [**픽셀 브러시**]-[**레터링**]-[**작은 끌**], ■[R:255, G:170, B:63]으로 목 아래의 선을 그리고 양쪽으로 어깨선을 목만큼만 살짝 그리세요.

❹ 겨드랑이부터 몸의 폭을 시작해서 반팔 셔츠를 완성하고 채색하세요.

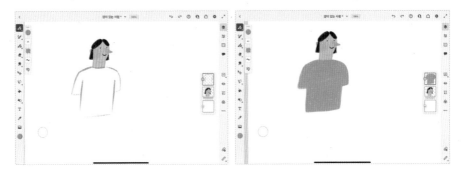

5 레이어를 추가하고 ▨[R: 255, G:198, B:177]로 팔을 그리세요. 외곽은 [지우개]로 정리하세요.

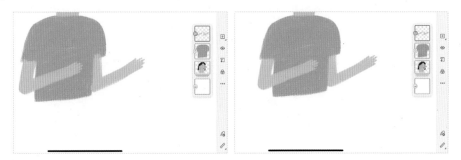

6 레이어를 추가하고 [레이어 클립]을 설정합니다. ▨[R:255, G:167, B:124]로 팔꿈치와 손 위에 색을 올려 주세요.

7 레이어를 추가하고 ■[R:129, G:109, B:105]로 오른쪽 허벅지를 **오른쪽 위로 향하도록** 그리세요. 이때 왼쪽 다리가 오른쪽 허벅지 아래에 위치하면서 **길이가 짧아지지 않는 것**이 포인트!

8 바지 내부를 채색합니다.

9 바지 아래에 레이어를 추가하고 ▨[R:255, G:198, B:177]로 발가락에 신경써서 발을 그리세요.

10 발 위에 레이어를 추가하고 [레이어 클립]을 설정하세요. ▨[R:255, G:167, B:124]로 발톱, 발뒤꿈치 그리고 복숭아뼈에 색을 올려 주세요.

⑪ 레이어를 추가하고 ■[R:64, G:59, B:57]로 슬리퍼를 그리세요.

⑫ 레이어를 추가하고 ■[R:103, G:79, B:74]로 상하의 각각 구분선을 그려 주세요.

⑬ 얼굴 아래에 레이어를 추가하고 ■[R:111, G:198, B:212]로 의자를 그리세요.

⑭ 의자 위에 레이어를 추가하고 ■[R:30, G:109, B:121]로 의자의 앉는 부분에 구분선을 그리세요.
앉아서 대화하는 사람이 완성되었습니다.

Drawing 04 러닝으로 아침을 여는 사람들

피톤치드 가득한 길에서 아침 러닝을 하는 두 사람을 그려 보아요.

- 화면 크기 : 정사각형(2,100×2,100px)

- 브러시 : [작은 끌], [만년필], [유화 라운드], [목탄 연필], [부드러운 분필]

- 색상 : ■ R 255, G 198, B 177   ■ R 255, G 167, B 124   ■ R 154, G 193, B 217   ■ R 143, G 85, B 49

    ■ R 242, G 92, B 5   ■ R 51, G 72, B 109   ■ R 32, G 40, B 55   ■ R 218, G 226, B 240

    ■ R 217, G 79, B 48   ■ R 242, G 174, B 46   ■ R 38, G 106, B 166   ■ R 205, G 180, B 167

    ■ R 69, G 115, B 93   ■ R 137, G 87, B 26   ■ R 57, G 137, B 85   ■ R 175, G 216, B 221

    ■ R 159, G 191, B 90   □ R 255, G 255, B 255   ■ R 157, G 124, B 106   ■ R 93, G 48, B 19

- 사용한 기기 : 아이패드

1 캔버스 크기는 [정사각형(2,100×2,100px)]으로 선택하세요. 먼저 [픽셀 브러시]–[레터링]–[작은 끝]을 사용하겠습니다. ■[R:255, G:198, B:177]로 얼굴을 그리고 채색하세요. 새로운 레이어에 [레이어 클립]을 설정하고 ■[R:255, G:167, B:124]로 콧등과 볼터치를 그리세요.

2 레이어를 추가하고 ■[R:154, G:193, B:217]로 헤어밴드를 그리세요. 외곽으로 튀어나온 부분은 [지우개]로 정리합니다.

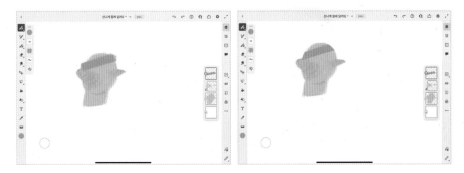

3 얼굴과 헤어밴드 사이에 레이어를 추가하고 ■[R:143, G:85, B:49]로 머리카락을 그리세요.

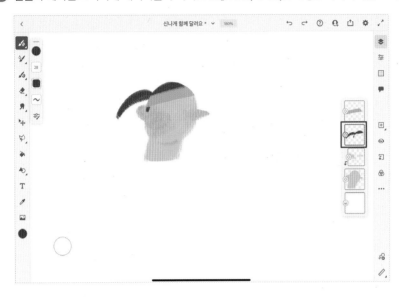

4 [픽셀 브러시]-[잉크]-[만년필]로 눈과 입을 그리세요.

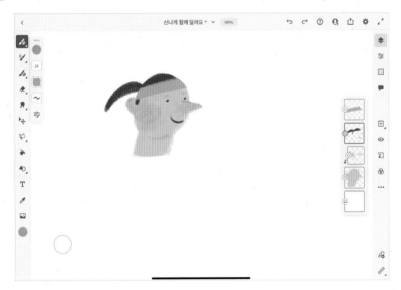

⑤ 완성된 얼굴은 [그룹]으로 만들어 주세요. 레이어를 추가하고 [픽셀 브러시]-[레터링]-[작은 끌], ▮[R:242, G:92, B:5]로 몸통과 반팔 라인을 그리세요.

⑥ 레이어를 추가하고 ▮[R:255, G:198, B:177]로 팔을 그리세요. 팔의 길이가 너무 짧지 않게 그리는 게 중요해요. 반팔 라인을 그린 색상으로 채색하세요.

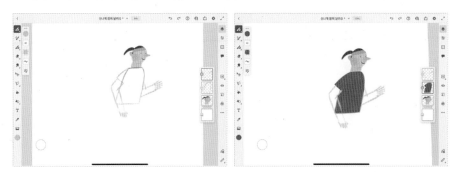

⑦ 팔 내부도 채색하세요. 외곽의 지저분한 부분은 **[지우개]**로 지워 주세요.

⑧ 얼굴 아래에 레이어를 추가하세요. ■[R:51, G:72, B:109]로 바지가 종아리 길이까지 오도록 그리고 채색하세요.

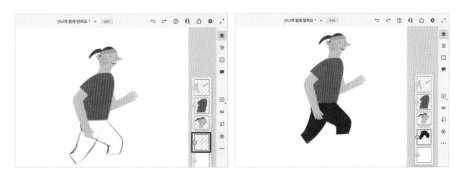

9 바지 아래에 레이어를 추가하고 ■[R:255, G:198, B:177]로 종아리를 그리고 채색하세요.

10 종아리 위에 레이어를 추가하고 ■[R:154, G:193, B:217]로 양말을 그리세요. 외곽으로 튀어나온 부분은 [지우개]로 정리하세요.

⑪ 양말 위에 레이어를 추가하고 ■[R:32, G:40, B:55]로 신발을 그리세요.

⑫ 종아리 위에 레이어를 추가하고 [레이어 클립]을 설정하세요. ■[R:255, G:167, B:124]로 종아리
에 색을 올리세요.

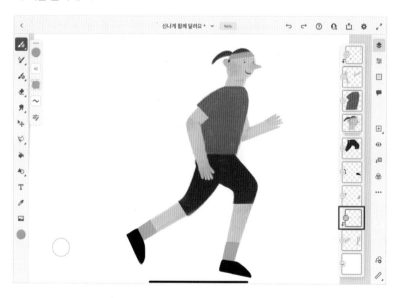

⓭ 레이어를 추가하고 [픽셀 브러시]-[목탄]-[목탄 연필], ▨[R:218, G:226, B:240]으로 신발 끈을
그리세요. ■[R:32, G:40, B:55]로 양말의 무늬, 티셔츠와 바지 내부의 선을 그리세요. 완성된 사
람은 [그룹]으로 묶고 [변환]으로 크기와 위치를 조정해 주세요.

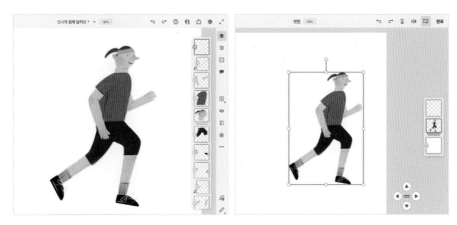

Tip. 옷에 구분선을 그리면 뛰는 동작이 훨씬 뚜렷하게 보일 거예요!

⓮ 레이어를 추가하고 [픽셀 브러시]-[레터링]-[작은 끌], ▨[R:255, G:198, B:177]로 얼굴을 그리고
채색하세요. 다시 레이어를 추가하고 [레이어 클립]을 설정해서 ■[R:255, G:167, B:124]로 콧등
과 볼에 채색하세요.

⑮ 레이어를 추가하고 ■[R:217, G:79, B:48]로 모자를 그리고 채색하세요.

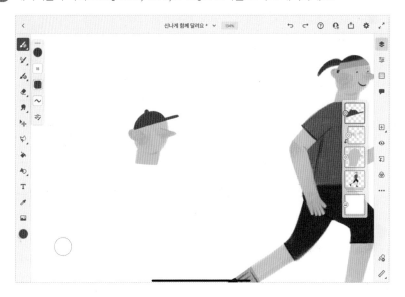

⑯ 모자와 얼굴 사이에 레이어를 추가하세요. [픽셀 브러시]-[잉크]-[만년필], ■[R:143, G:85, B:49]
로 눈과 입을 그리세요. 완성된 얼굴은 하나의 [그룹]으로 묶어 주세요.

⑰ 레이어를 추가하고 [픽셀 브러시]-[레터링]-[작은 끌], ■[R:242, G:174, B:46]으로 상의를 그리세요. 다시 레이어를 추가하고 ■[R:255, G:198, B:177]로 팔을 그리세요. 티셔츠와 팔을 칠합니다.

⑱ 팔 위에 레이어를 추가하고 [레이어 클립]을 설정하세요. ■[R:255, G:167, B:124]로 팔꿈치와 손 위에 색을 올려 주세요.

19 상의 아래에 레이어를 추가하고 ■[R:38, G:106, B:166]으로 반바지를 그리고 채색하세요.

20 바지 위에 레이어를 추가하고 ■[R:255, G:198, B:177]로 다리를 그립니다. 바지를 채색하고 [지우개]로 정리하세요.

㉑ 다리 위에 레이어를 추가하고 ■[R:143, G:85, B:49]로 양말을 그리세요.

㉒ 양말 위에 레이어를 추가하고 ■[R:32, G:40, B:55]로 신발을 그리세요.

㉓ 레이어를 추가하고 [픽셀 브러시]-[목탄]-[목탄 연필]로 옷과 양말의 구분선을 그리세요.
　　■[R:242, G:174, B:46]으로 신발 끈을 그리세요.

㉔ 다리 위에 레이어를 추가하고 [레이어 클립]을 설정하세요. [픽셀 브러시]-[레터링]-[작은 끌],
　　■[R:255, G:167, B:124]로 무릎에 색을 올리세요.

㉕ 완성된 사람은 하나의 [그룹]으로 묶으세요. [변환]으로 사람의 위치를 재배치합니다.

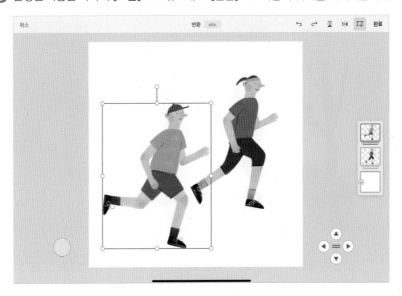

㉖ 맨 아래에 레이어를 추가하고 [라이브 브러시]-[유화]-[유화 라운드], ▉[R:205, G:180, B:167]로
바닥을 그리세요.

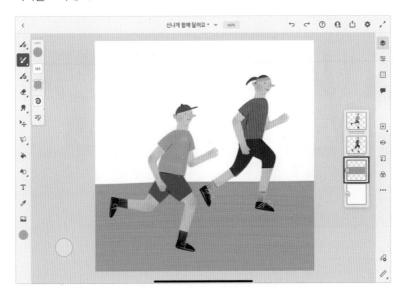

27 바닥 아래에 레이어를 추가하고 ■[R:69, G:115, B:93]으로 산을 그리세요. 바닥 위에 레이어를 추가하고 ■[R:137, G:87, B:26]으로 나무를 그리세요.

28 나무 아래에 레이어를 추가하고 ■[R:57, G:137, B:85]로 동글동글한 잎을 그리세요. 그 위에 다시 레이어를 추가해 ■[R:69, G:115, B:93]으로 가운데 나무의 잎도 그립니다.

 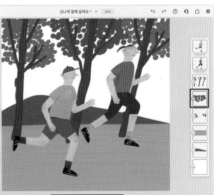

㉙ 완성된 나무 레이어는 [그룹]으로 묶으세요. 나무 그룹 아래에 레이어를 추가하고 ■[R:175, G:216, B:221]로 구름을 그리세요.

㉚ 레이어를 추가하고 ■[R:159, G:191, B:90]으로 잔디를 그리세요. 바닥 위에 다시 레이어를 추가하고 나무 근처에 잔디를 깔아 주세요.

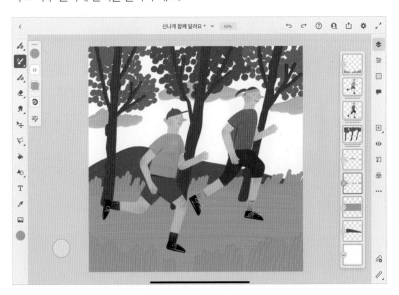

31 레이어를 추가하고 □[R:255, G:255, B:255]로 꽃잎을 그리고 레이어를 하나 더 추가해 ▓▓[R:242, G:174, B:46]으로 꽃술을 그리세요.

32 바닥 위에 레이어를 추가하세요. [픽셀 브러시]-[드라이 미디어]-[부드러운 분필], ■[R:157, G:124, B:106]으로 바닥 위에 진한 색을 올리세요.

33 레이어를 추가하고 [픽셀 브러시]-[목탄]-[목탄 연필], ■[R:93, G:48, B:19]로 나무 기둥의 결을 그리세요. 잔디에도 ■[R:57, G:137, B:85]로 풀을 더 그리세요.

34 레이어를 추가하고 ■[R:242, G:92, B:5]로 Run! Run!을 적어 주세요. 신나게 달리는 사람들이 완성되었습니다!

양치질하며 하루를 마무리하는 사람

잠옷 차림으로 양치를 하고 있으면 하루가 마무리되는 느낌이예요. 잠들기 전에 양치질하는 사람을 그려요.

- 화면 크기 : 정사각형(2,100×2,100px)
- 브러시 : [작은 끝], [만년필], [유화 라운드], [목탄 연필]
- 색상 : ■ R 255, G 198, B 177　■ R 255, G 167, B 124　■ R 124, G 70, B 43　□ R 255, G 255, B 255
　　　　 ■ R 255, G 167, B 167　■ R 210, G 100, B 100　■ R 255, G 36, B 28　■ R 132, G 228, B 228
　　　　 ■ R 35, G 49, B 114　■ R 171, G 216, B 213　■ R 220, G 220, B 220　■ R 255, G 208, B 74
　　　　 ■ R 74, G 196, B 165　■ R 223, G 215, B 176　■ R 255, G 235, B 193　■ R 185, G 118, B 66
　　　　 ■ R 57, G 172, B 112　■ R 114, G 115, B 123
- 사용한 기기 : 아이패드

① 캔버스 크기는 **[정사각형(2,100×2,100px)]**으로 선택하세요. 먼저 **[픽셀 브러시]-[레터링]-[작은 끝]**을 사용하겠습니다. ■[R:255, G:198, B:177]로 얼굴을 그리고 채색하세요.

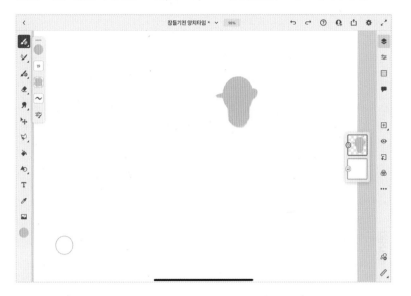

② 레이어를 추가하고 **[레이어 클립]**을 설정하세요. ■[R:255, G:167, B:124]로 눈썹, 콧등, 볼터치 그리고 입을 그리세요.

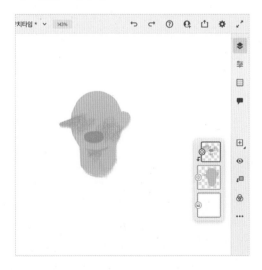

Tip. 얼굴에 볼터치를 그릴 때는 펜슬을 뉘어서 펜슬 촉의 옆면으로 살살 눌러서 채색해 주세요. 입을 그릴 때는 브러시 사이즈를 줄이고 펜슬에 힘을 주고 사용하세요.

❸ 새로운 레이어를 추가하세요. [픽셀 브러시]-[잉크]-[만년필], ■[R:124, G:70, B:43]으로 눈을 그리세요. □[R:255, G:255, B:255]로 치아도 그립니다.

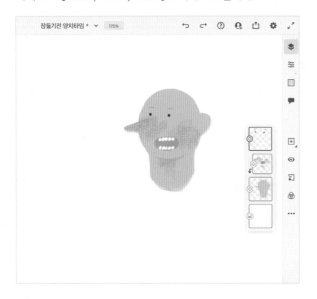

❹ 레이어를 추가하고 [픽셀 브러시]-[레터링]-[작은 끌], ■[R:255, G:167, B:167]로 헤어밴드를 그리세요.

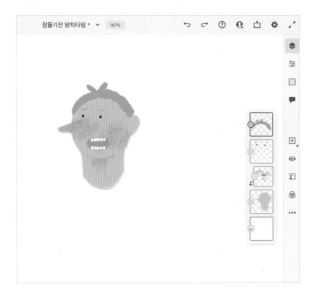

5 레이어를 추가하고 양치를 하는 오른팔을 올린 자세로 잠옷을 그리세요.

6 잠옷을 채색하세요.

7 레이어를 추가하고 ▇[R:255, G:198, B:177]로 손과 발을 그리세요.

8 레이어를 추가하고 **[레이어 클립]**을 설정하세요. ▇[R:255, G:167, B:124]로 복숭아뼈, 발뒤꿈치, 손가락에 색을 올리세요.

9 레이어를 추가하고 [픽셀 브러시]-[목탄]-[목탄 연필], ■[R:210, G:100, B:100], □[R:255, G:255, B:255]로 잠옷의 줄무늬와 세부 모양을 그리세요.

10 헤어밴드 아래에 레이어를 추가하고 ■[R:124, G:70, B:43]으로 올림머리를 그리세요.

⑪ 레이어를 추가하고 ■[R:255, G:36, B:28]로 칫솔을, □[R:255, G:255, B:255]로 칫솔모를 그립니다. ■[R:132, G:228, B:228]로 치약을 그리세요. [지우개]로 칫솔이 손가락과 겹치는 부분을 정리하세요.

⑫ 사람을 [그룹]으로 묶으세요.

⓭ 사람 아래에 레이어를 추가하세요. [라이브 브러시]-[유화]-[유화 라운드], ■[R:35, G:49, B:114]로 바닥을 채색하세요. 바닥 아래에 레이어를 추가하고 ■[R:171, G:216, B:213]으로 벽을 채색합니다.

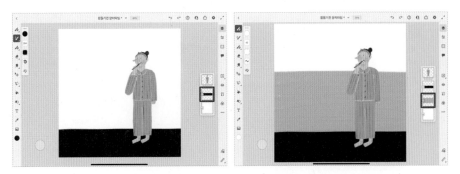

⓮ 레이어를 추가하고 [레이어 클립]을 설정합니다. [픽셀 브러시]-[목탄]-[목탄 연필], □[R:255, G:255, B:255]로 벽의 타일을 그리세요.

⓯ 레이어를 추가하고 **[라이브 브러시]–[유화]–[유화 라운드]**, □[R:255, G:255, B:255]로 세면대를
그리세요.

⓰ 세면대 위에 레이어를 추가하고 ▨[R:220, G:220, B:220]으로 수도꼭지와 배관을 그리세요.

17 레이어를 추가하고 ▦[R:255, G:208, B:74], ▦[R:255, G:167, B:124]로 크기가 다른 세면용품을 그리세요. ■[R:35, G:49, B:114]로 펌핑 헤드를 그리세요.

18 레이어를 추가하고 [그리기 보조 도구]-[원형]으로 거울의 위치를 잡아 주세요.

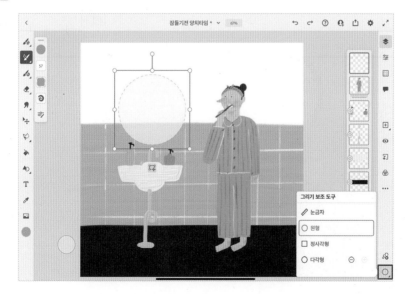

⑲ ■[R:74, G:196, B:165]로 거울을 그리세요.

⑳ 사람 레이어를 [레이어 그룹 복제]로 복제하고, [변환]에서 [좌우 반전]을 눌러서 이미지 반전을 하세요.

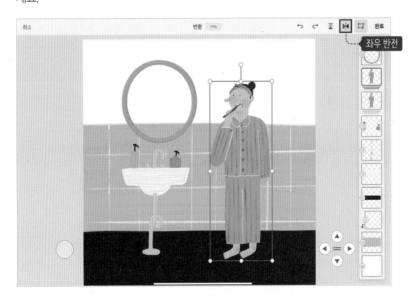

㉑ 좌우 반전이 된 사람이 거울에 비치도록 위치를 옮기고 [레이어 그룹 작업]에서 [그룹에서 레이어 병합]을 눌러 레이어 그룹을 하나로 병합해 주세요. 그리고 [레이어 속성]에서 [불투명도]를 72 정도로 맞춰 주세요.

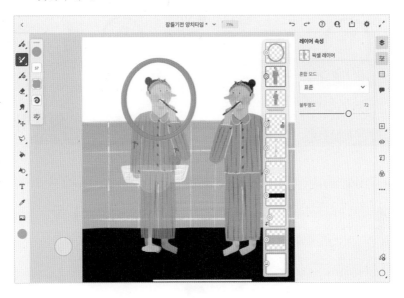

㉒ [지우개]로 거울 밖의 사람을 지워 주세요.

23 레이어를 추가하고 ▨[R:223, G:215, B:176]으로 전등갓을 그리세요. 갓 아래에 레이어를 추가하고 ▨[R:255, G:208, B:74]로 전등을 그리세요.

24 전등 위에 레이어를 추가하고 ▨[R:220, G:220, B:220]으로 수건걸이를 그립니다.

㉕ 수건걸이 위에 레이어를 추가하고 ▨[R:255, G:235, B:193]으로 수건을 그리세요.

㉖ 레이어를 추가하고 ▨[R:185, G:118, B:66]으로 바디 브러시를, 다시 새로운 레이어에 ▨[R:255, G:235, B:193]으로 솔을 그리세요.

㉗ 레이어를 추가하고 ■[R:185, G:118, B:66]으로 화분을 그리세요.

㉘ 다시 새로운 레이어에 ■[R:57, G:172, B:112]로 식물의 줄기를 그리고 ■[R:124, G:70, B:43]으로 화분을 천장에 연결하는 줄을 그리세요.

29 레이어를 추가하고 [픽셀 브러시]–[목탄]–[목탄 연필], ■[R:255, G:167, B:167]로 수건에 줄무늬를 그리고, ■[R:114, G:115, B:123]으로 세면대와 수도꼭지의 구분선을 그리세요.

30 새로운 레이어에 ■[R:132, G:228, B:228]로 BRUSH TEETH!를 적어 주세요. 잠들기 전에 양치하는 사람이 완성되었습니다.

봄, 여름, 가을, 겨울 풍경

봄, 여름, 가을, 겨울의 풍경을 그림으로 남겨 두면 그 계절의 추억이 떠오르곤 합니다.

사계절을 효과적으로 표현할 수 있는 브러시들의 조합으로 함께 그려 볼까요?

기차 타고 여행하는 벚꽃 로드

꽃잎이 흩날리는 봄, 칙칙폭폭 기차를 타고 창 밖에 보이는 풍경과 벚꽃에 설레는 여행을 그려요.

- 화면 크기 : 정사각형(2,100×2,100px)

- 브러시 : [유화 라운드], [수채화 효과 워시 플랫], [고고 브러시], [고정된 변수]

- 색상 : ■ R 97, G 170, B 89　　■ R 48, G 128, B 39　　　■ R 165, G 225, B 225　　■ R 110, G 110, B 110

　　　 ■ R 198, G 198, B 198　　■ R 2, G 44, B 219　　　■ R 162, G 163, B 166　　■ R 129, G 213, B 238

　　　 □ R 255, G 255, B 255　　■ R 255, G 169, B 161　　■ R 255, G 204, B 200　　■ R 163, G 99, B 52

　　　 ■ R 147, G 74, B 19　　　■ R 255, G 212, B 48　　　■ R 255, G 163, B 48　　　■ R 96, G 56, B 5

　　　 ■ R 86, G 187, B 204　　■ R 44, G 162, B 82　　　■ R 255, G 184, B 178　　■ R 130, G 30, B 29

- 사용한 기기 : 아이패드

1 캔버스 크기는 [정사각형(2,100×2,100px)]으로 선택하세요. 먼저 [라이브 브러시]-[유화]-[유화 라운드]를 사용하겠습니다. ■[R:97, G:170, B:89]로 풀을 그리세요.

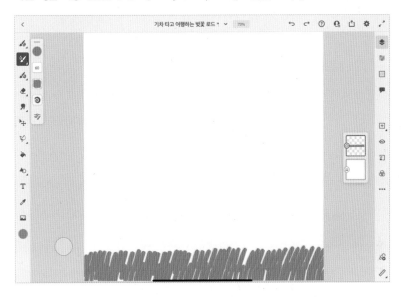

2 풀 아래에 레이어를 추가하고 ■[R:48, G:128, B:39]로 다른 색상의 풀을 사이사이에 채우세요.

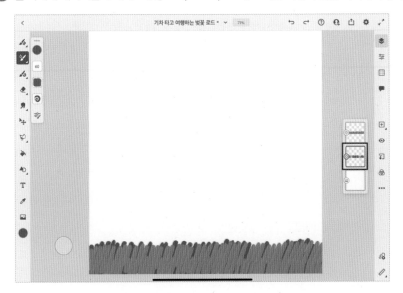

❸ 맨 위에 레이어를 추가하고 앞쪽의 잔디를 채우세요.

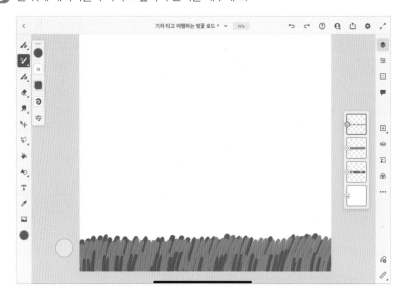

❹ 풀 레이어들을 [그룹]으로 묶으세요. 잔디 그룹 아래에 레이어를 추가하고 ■[R:165, G:225, B:225]로 강물을 그리세요. 이때 유화 브러시의 질감을 살려서 가로 방향으로 채색하세요.

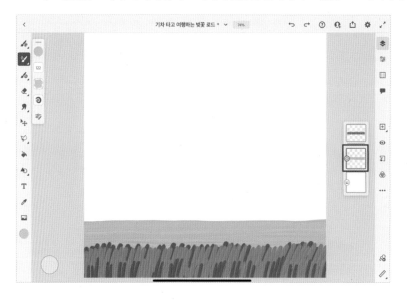

⑤ 강물 아래에 레이어를 추가하고 ■[R:97, G:170, B:89]로 풀을 그리세요.

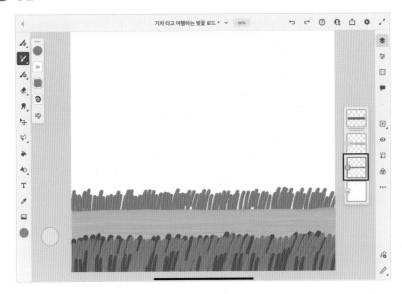

⑥ 그 아래에 다시 레이어를 추가하고 ■[R:48, G:128, B:39]로 사이사이에 풀을 채우세요.

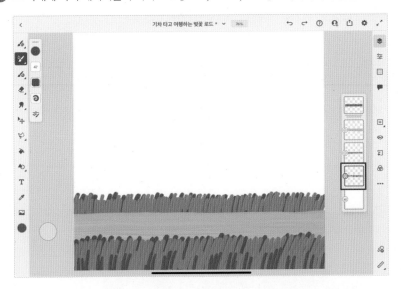

7 연한 색의 풀 레이어로 돌아와서 진한 색의 풀을 사이사이에 만들어 주세요.

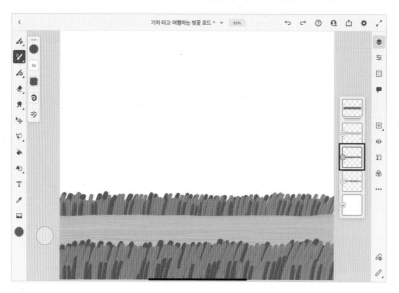

8 강 저편의 풀 레이어를 [그룹]으로 묶으세요. 맨 아래에 레이어를 추가하고 ■[R:110, G:110, B:110] 으로 가로선을 그리세요. 이 선은 기찻길의 레일이 될 스케치입니다.

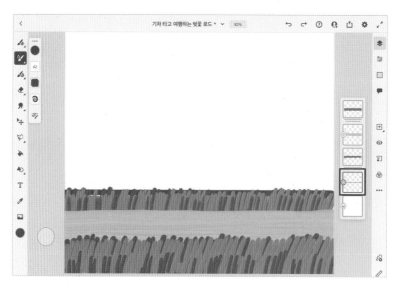

9 레일 스케치 위에 레이어를 추가하고 ▨[R:198, G:198, B:198]로 기차를 그리세요.

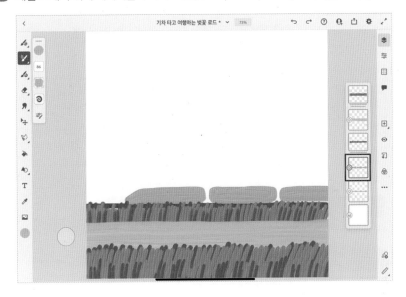

10 기차 위에 레이어를 추가하고 [레이어 클립]을 설정하세요. ■[R:2, G:44, B:219]로 기차를 꾸며 주세요.

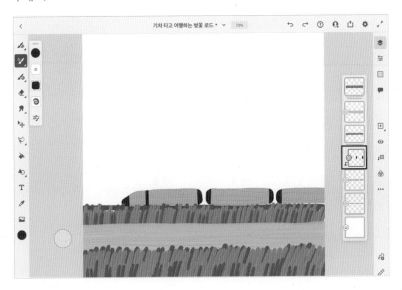

⑪ 그 위에 레이어를 추가하고 ▥[R:162, G:163, B:166]으로 기차의 창문을 그리세요.

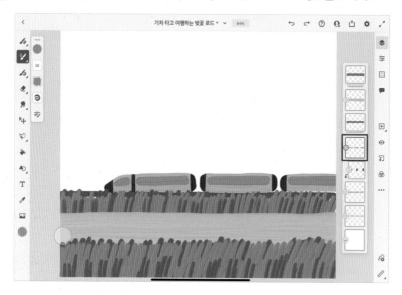

⑫ [지우개]로 창문의 외곽을 지워서 창문 모양을 잡아 주세요.

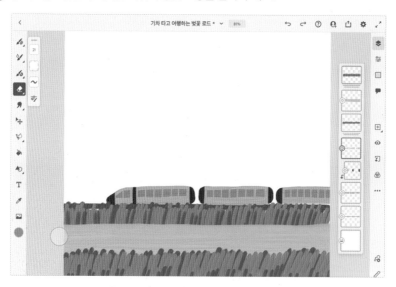

⑬ ■[R:110, G:110, B:110]으로 기차의 꾸밈선과 칸을 연결하는 이음새를 그리세요. 기차의 파란 무늬
와 겹치는 부분은 [지우개]로 정리하세요.

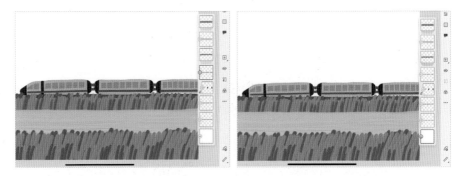

⑭ 기차 몸통 레이어들을 [그룹]으로 묶고, 기찻길 레이어를 [레이어 복제]로 복제하세요. 복제한 레
이어는 [변환]으로 이동하여 기존 기찻길 레이어와 나란히 배치하세요.

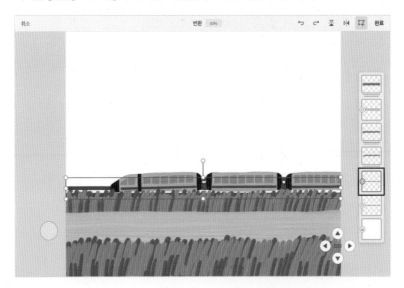

⓯ 맨 아래에 레이어를 추가하고 [라이브 브러시]-[수채화]-[수채화 효과 워시 플랫], ■[R:129, G:213, B:238]로 하늘을 채색하세요.

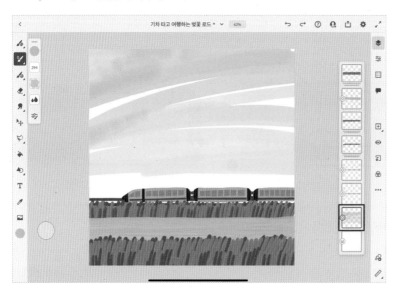

Note / 순수한 물 기능을 활용하세요

[터치 단축키]를 누른 상태에서 채색하면 [순수한 물]의 기능으로 수채화 채색의 자연스러운 번짐 효과를 만들 수 있습니다.

16 수채화 브러시로 맑은 느낌의 하늘을 표현했습니다. 하늘 위에 레이어를 추가하고 □[R:255, G:255, B:255]로 구름을 그리세요.

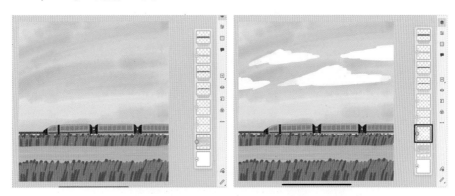

17 구름 위에 레이어를 추가하고 [라이브 브러시]-[유화]-[유화 라운드], ■[R:255, G:169, B:161]로 벚나무를 그리세요.

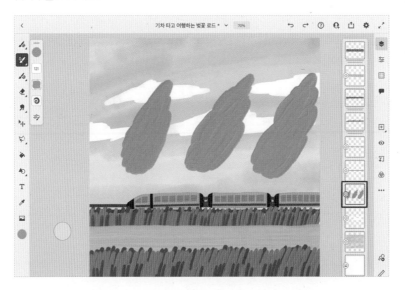

⑱ 레이어를 추가하고 ■[R:255, G:204, B:200]으로 벚나무를 사이사이에 더 그리세요.

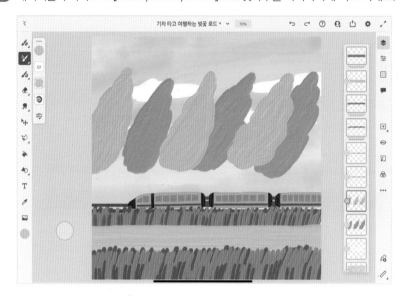

⑲ 두 가지 색깔의 벚나무 위에 레이어를 각각 추가하고 ■[R:163, G:99, B:52]로 진한색 벚나무, ■[R:147, G:74, B:19]로 연한색 벚나무의 기둥과 줄기를 그리세요.

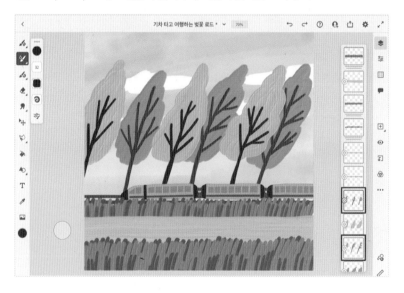

⑳ 나무에 음영을 추가해 보겠습니다. 나무 줄기와 벚나무 사이에 레이어를 각각 추가하고 [레이어 속성]-[곱하기]를 설정하세요.

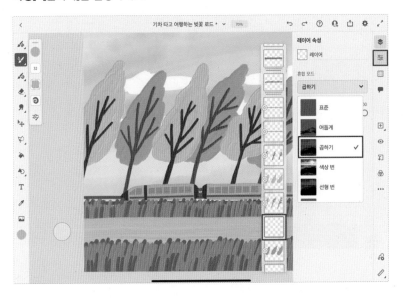

㉑ [레이어 클립]을 설정하고 [픽셀 브러시]-[페인팅]-[고고 브러시], ■[R:255, G:169, B:161], ▨[R:255, G:204, B:200]으로 벚나무에 음영을 그리세요.

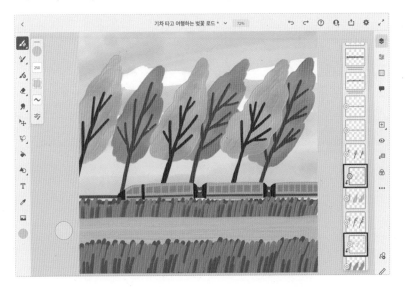

㉒ 완성된 벚나무는 [그룹]으로 묶으세요.

㉓ 맨 위에 레이어를 추가하고 [라이브 브러시]-[유화]-[유화 라운드], ■[R:255, G:212, B:48]로 작은 꽃들을 원 모양으로 그리세요. 구름 레이어에서 [라이브 브러시]-[수채화]-[수채화 효과 워시 플랫], ■[R:225, G:225, B:225]로 구름을 추가로 그리세요.

㉔ 강물 위에 레이어를 추가하세요. [라이브 브러시]-[유화]-[유화 라운드], ▨[R:255, G:212, B:48]
로 오리를 그리세요.

㉕ 오리 위에 레이어를 추가하고 ▨[R:255, G:163, B:48]로 오리의 부리를, ■[R:96, G:56, B:5]로
눈과 입 모양과 날개를 그리세요.

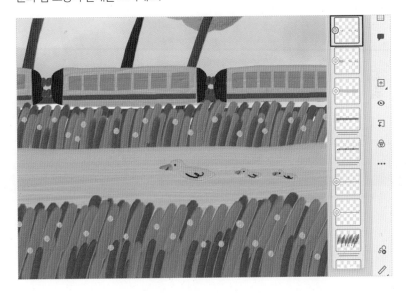

26 강물 위에 레이어를 추가하고 ■[R:86, G:187, B:204]로 강물의 물결을 그리세요.

27 레이어를 추가하고 ■[R:44, G:162, B:82]로 원형 모양의 잎을 그리세요. **[지우개]**로 잎이 갈라진 모양을 만들어 줍니다.

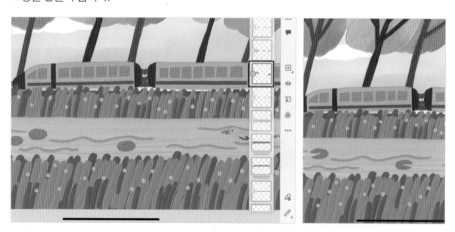

28 맨 위에 레이어를 추가하고 ■[R:255, G:184, B:178]로 흩날리는 꽃잎을 그리세요.

29 레이어를 추가하고 [픽셀 브러시]-[레터링]-[고정된 변수], ■[R:130, G:30, B:29]로 spring and cherry blossom!을 적어 주세요. 기차 타고 여행하는 벚꽃 로드가 완성되었습니다.

Drawing 02 시원한 파도 소리가 들리는 여름 바다

푸른 바다의 파도 소리가 들리는 여름 바다에서 갈매기도 구경하고, 햇빛 아래에서 선탠도 하는 여름 풍경을 그려 볼까요?

- 화면 크기 : 정사각형(2,100×2,100px)
- 브러시 : [수채화 효과 워시 플랫], [유화 라운드], [부드러운 분필], [고정된 변수]
- 색상 :
  - R 148, G 229, B 255
  - R 228, G 248, B 255
  - R 242, G 199, B 147
  - R 255, G 203, B 173
  - R 255, G 115, B 173
  - R 252, G 231, B 105
  - R 45, G 185, B 229
  - R 236, G 162, B 69
  - R 219, G 160, B 86
  - R 239, G 81, B 64
  - R 255, G 197, B 29
  - R 0, G 120, B 216
  - R 13, G 161, B 234
  - R 206, G 126, B 27
  - R 249, G 229, B 204
  - R 104, G 51, B 16
  - R 255, G 144, B 29
  - R 249, G 208, B 158
  - R 255, G 255, B 255
  - R 252, G 129, B 60
  - R 0, G 0, B 0
  - R 49, G 49, B 49
- 사용한 기기 : 아이패드

1 캔버스 크기는 [정사각형(2,100×2,100px)]으로 선택하세요. 먼저 **[라이브 브러시]**-**[수채화]**-**[수채화 효과 워시 플랫]**을 사용하겠습니다. ■[R:148, G:229, B:255]로 하늘을 그리세요.

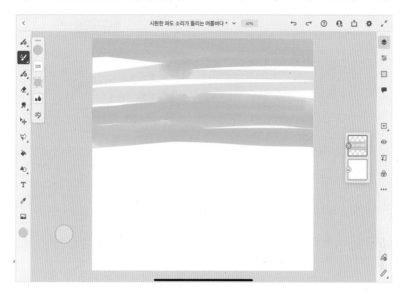

2 ■[R:45, G:185, B:229]로 자연스러운 그러데이션을 그리세요.

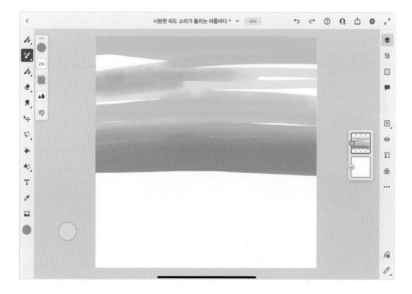

3 [터치 단축키]를 사용해 [순수한 물]로 2가지 색을 자연스럽게 섞어 주세요.

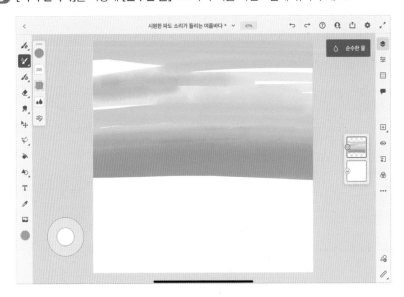

4 레이어를 추가하고 ■[R:13, G:161, B:234]로 바다를 그리세요.

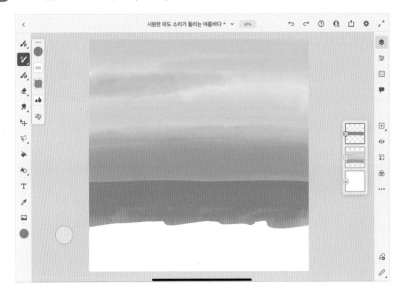

⑤ ■[R:148, G:229, B:255]로 파도치는 모습처럼 해변이 출렁거리는 느낌으로 물감의 번짐을 표현 해 주세요.

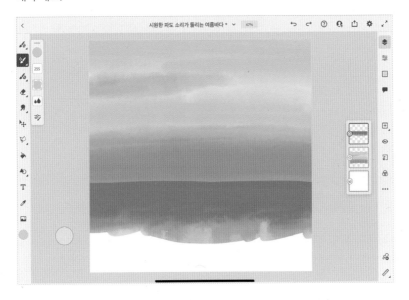

⑥ 바다 아래에 레이어를 추가하고 [라이브 브러시]-[유화]-[유화 라운드], ■[R:249, G:208, B:158] 로 모래사장을 그리세요.

7 레이어를 추가하고　[R:228, G:248, B:255]로 파도를 그리세요.

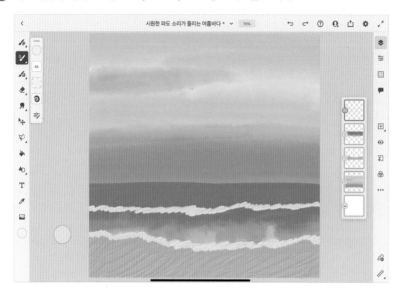

8 ■[R:148, G:229, B:255]와 ■[R:13, G:161, B:234]로 바다와 파도의 연결 부분이 자연스러워지도록 덧칠합니다.

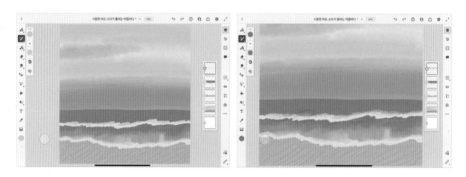

Tip. 유화 브러시를 사용하기 전에 [브러시 설정]에서 [페인트 혼합]을 높여서 색상을 자연스럽게 섞어 주세요.

❾ 모래사장 레이어에서 ■[R:236, G:162, B:69]로 모래사장의 색상을 섞으세요.

❿ 모래사장 위에 레이어를 추가하고 ■[R:236, G:162, B:69]와 ■[R:206, G:126, B:27]로 모래알을 콕콕 찍어 표현하세요.

⑪ 맨 위에 레이어를 추가하고 **[라이브 브러시]-[수채화]-[수채화 효과 워시 플랫]**, □[R:255, G:255, B:255]로 구름을 그리세요.

⑫ 맨 위에 레이어를 추가하고 **[라이브 브러시]-[유화]-[유화 라운드]**로 다리를 그리세요. 다리처럼 직선을 그릴 때는 **[그리기 보조 도구]-[눈금자]**를 사용합니다.

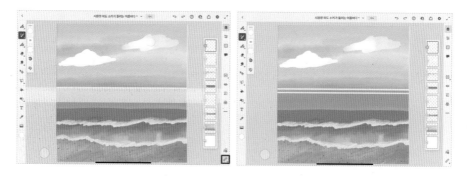

Tip. **[눈금자]**를 캔버스에서 이동할 때는 한 손가락으로 드래그를 합니다. **[눈금자]**를 회전하려면 두 손가락으로 원하는 방향으로 드래그하여 회전합니다.

13 다리의 세부 모양을 그리고 맨 위에 레이어를 추가해 다리의 기둥을 그리세요.

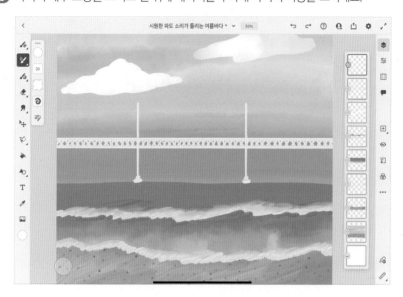

14 다리 기둥을 연결하는 선을 그리고 세부 모양을 꾸밉니다.

⑮ 바다와 모래사장을 만든 레이어들 그리고 다리를 만든 레이어들을 각각 [그룹]으로 묶고, 맨 위에
레이어를 추가해서 ■[R:242, G:199, B:147]로 파라솔을 그리세요.

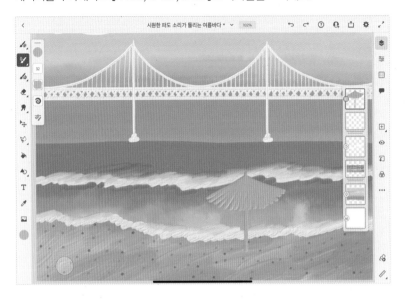

⑯ ■[R:219, G:160, B:86]을 선택하고 브러시 설정에서 [페인트 혼합]을 0으로 변경하세요. 파라솔
의 세부 모양을 그립니다.

Tip. [페인트 혼합]을 줄이면 색상이 섞이지 않게 유화 브러시를 사용할 수 있습니다.

⑰ ▓[R:249, G:229, B:204]로 파라솔의 밝은 부분을 그립니다.

⑱ 완성된 파라솔 레이어를 2개 복제하고 **[변환]**으로 나란히 배치하세요.

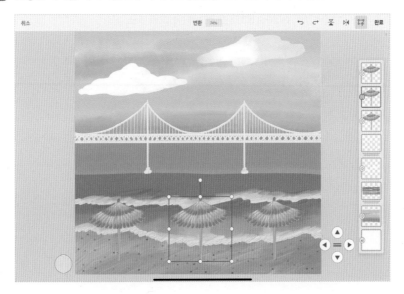

⑲ 파라솔들을 [**그룹**]으로 묶어 주세요. 레이어를 추가하고 ■[R:252, G:129, B:60]으로 피크닉 매트를 그리세요.

⑳ 레이어를 추가하고 ■[R:255, G:203, B:173]으로 사람을 그리세요.

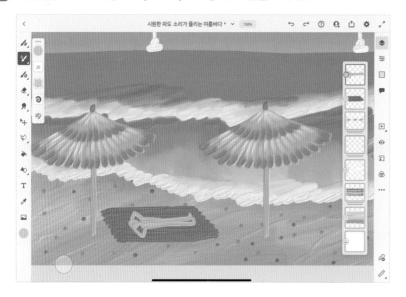

㉑ 사람 레이어에서 [레이어 작업]-[투명도 잠금]을 설정하세요.

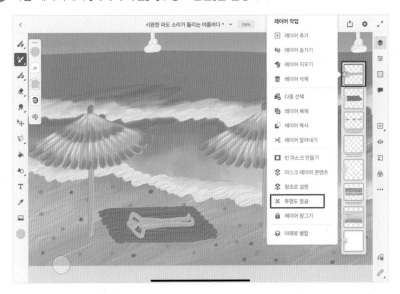

㉒ ☐[R:255, G:255, B:255], ■[R:239, G:81, B:64]로 옷을 그리세요.

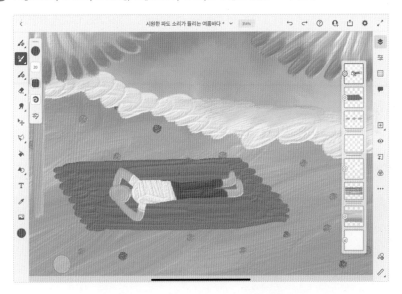

㉓ 레이어를 추가하고 ■[R:104, G:51, B:16]으로 머리카락을, ■[R:0, G:0, B:0]으로 선글라스를 그리세요.

㉔ 피크닉 매트 위에 레이어를 추가하고 [레이어 클립]을 설정하세요. □[R:255, G:255, B:255]로 피크닉 매트를 꾸미고 매트와 사람 레이어를 하나의 [그룹]으로 묶어 주세요.

㉕ 레이어를 추가하고 ■[R:255, G:203, B:173]으로 바다에 사람을 그리고 [레이어 작업]–[투명도 잠금]을 설정합니다. ■[R:255, G:115, B:173]으로 옷을 채색합니다. 다시 레이어를 추가하고 ■[R:104, G:51, B:16]으로 머리카락을 그리고 두 레이어를 [그룹]으로 묶어 줍니다.

㉖ 레이어를 추가하고 ■[R:255, G:197, B:29], ■[R:255, G:144, B:29]로 오리 튜브를 그리세요. 레이어를 추가하고 ■[R:104, G:51, B:16]으로 오리 튜브에 눈을 그립니다. 완성된 튜브와 사람은 [그룹]으로 묶어 주세요.

27 레이어를 추가하고 ▨[R:255, G:203, B:173]으로 사람을 그리세요.

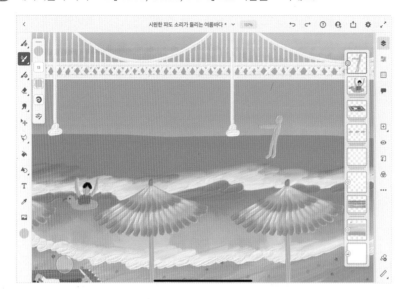

28 [**레이어 작업**]-[**투명도 잠금**]을 설정하고 ▧[R:49, G:49, B:49]로 서핑 수트를 그리세요. 레이어를 추가하고 모자를 그립니다. 서핑 보드를 타는 사람 아래에 다시 레이어를 추가하고 패들을 그리세요.

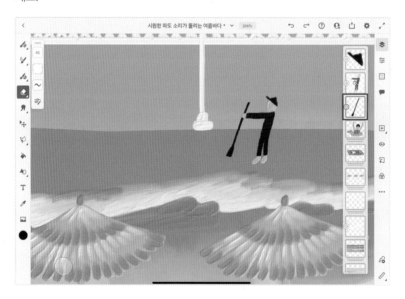

29 패들 아래에 레이어를 추가하고 ▦[R:252, G:231, B:105], ▦[R:255, G:144, B:29]로 서핑 보드를 그리세요.

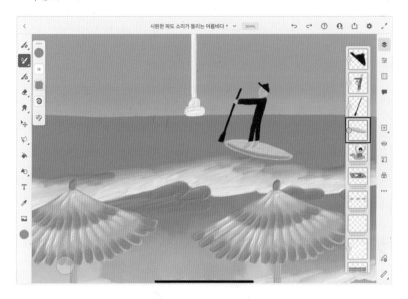

30 완성된 서핑 보드 타는 사람을 [그룹]으로 묶어 주세요.

31 레이어를 추가하고 □[R:255, G:255, B:255]로 부표를 그리세요. 레이어를 추가하고 [레이어 클립]을 설정하세요. ■[R:255, G:144, B:29]로 부표 위에 무늬를 그리세요.

32 서핑 보드 타는 사람의 위에 레이어를 추가하고 ■[R:0, G:120, B:216]으로 서핑 보드, 오리 튜브, 다리 주변에 물결을 그리세요.

33 물결 위에 레이어를 추가하고 [픽셀 브러시]-[드라이 미디어]-[부드러운 분필]로 바다에 음영을 살짝 넣어 주세요.

34 맨 위에 레이어를 추가하고 다시 [유화 라운드]을 선택하세요. □[R:255, G:255, B:255], ■[R:255, G:144, B:29]로 갈매기와 부리를 그리세요.

35 [레이어 작업]-[투명도 잠금]을 설정하고 ■[R:49, G:49, B:49]로 갈매기의 날개를 채색하고 눈을
만들어 주세요.

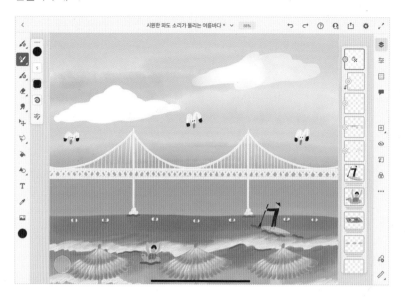

36 레이어를 추가하고 동일한 색상으로 모래사장 위의 갈매기도 그려 줍니다.

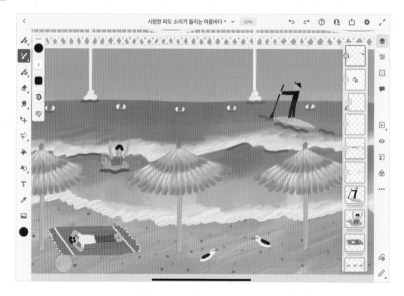

37 레이어를 추가하고 [픽셀 브러시]-[레터링]-[고정된 변수], ■[R:0, G:120, B:216]으로 Summer time!을 적어 주세요. 시원한 여름 바다가 완성되었습니다.

낙엽이 떨어지는 가을

가을 바람에 흩날리는 낙엽들을 보며 공원 벤치에 앉아 책을 읽으면 정말 좋을 것 같아요. 270쪽의
앉아서 대화하는 사람을 응용해 가을 공원 벤치에서 책을 읽는 사람을 그려요.

- 화면 크기 : 정사각형(2,100×2,100px)

- 브러시 : [작은 끌], [만년필], [유화 라운드], [수채화 효과 워시 플랫], [목탄 연필], [고정된 변수]

- 색상 :
  - R 255, G 204, B 173
  - R 191, G 128, B 169
  - R 64, G 89, B 39
  - R 255, G 255, B 255
  - R 255, G 167, B 124
  - R 109, G 71, B 52
  - R 217, G 149, B 67
  - R 82, G 153, B 182
  - R 58, G 17, B 22
  - R 242, G 183, B 5
  - R 242, G 97, B 5
  - R 171, G 117, B 82
  - R 166, G 163, B 129
  - R 123, G 67, B 39
  - R 147, G 162, B 61
  - R 255, G 197, B 22
  - R 184, G 229, B 240
  - R 138, G 191, B 213
  - R 242, G 220, B 155
  - R 89, G 75, B 49

- 사용한 기기 : 아이패드

① 캔버스 크기는 [정사각형(2,100×2,100px)]으로 선택하세요. [픽셀 브러시]-[레터링]-[작은 끌]을 사용하겠습니다. ▦[R:255, G:204, B:173]으로 얼굴을 그리세요.

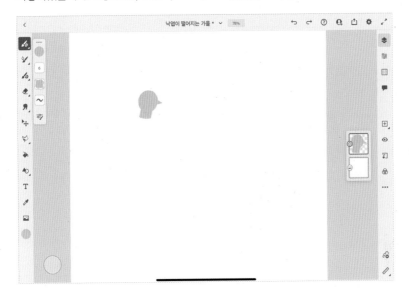

② 레이어를 추가하고 ▦[R:191, G:128, B:169]로 상의를 그리세요. 책을 들고 있는 사람이므로 양쪽 팔을 올린 동작으로 그리세요.

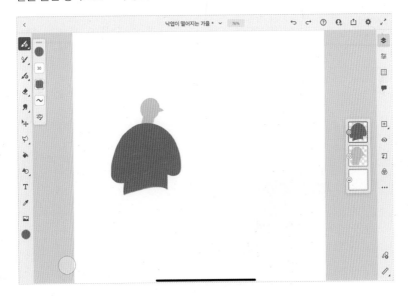

3 레이어를 추가하고 ■[R:64, G:89, B:39]로 앉아 있는 다리를 그리세요. 상의 위에 레이어를 추가하고 □[R:255, G:255, B:255]로 책을 그리세요.

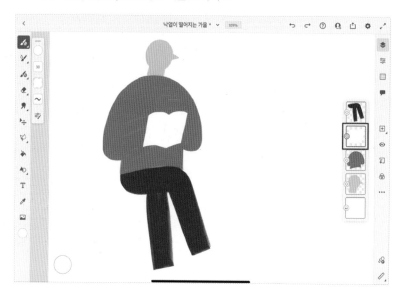

4 하의 위에 레이어를 추가하고 ■[R:255, G:204, B:173]으로 손을 그리고 상의 소매를 다듬어 주세요.

⑤ 얼굴 위에 레이어를 추가하고 [레이어 클립]을 설정하세요. ■[R:255, G:167, B:124]로 볼터치와 코, 턱, 눈썹을 그리세요. 그 위에 레이어를 추가하고 ■[R:109, G:71, B:52]로 머리카락을 그리고 **[픽셀 브러시]-[잉크]-[만년필]**로 눈과 입을 그리세요.

Tip. 볼터치는 펜에 힘을 약하게 주거나 펜슬을 기울여서 펜촉의 옆면으로 그려 주세요.

⑥ 손 위에 레이어를 추가하고 [레이어 클립]을 설정하세요. ■[R:255, G:167, B:124]로 손가락을 구분하세요.

7 하의 아래에 레이어를 추가하고 ■[R:217, G:149, B:67], ■[R:82, G:153, B:182]로 양말과 신발을 그리세요.

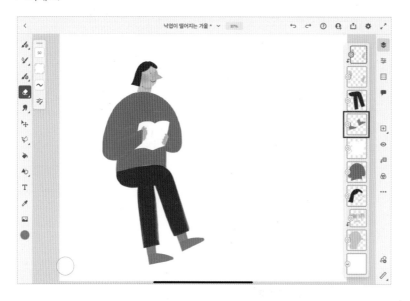

8 맨 위에 레이어를 추가하고 [픽셀 브러시]-[목탄]-[목탄 연필], ■[R:58, G:17, B:22]로 옷 내부를 구분하고 신발과 양말의 세부 모양을 그려 줍니다. 머리카락에 머리핀도 그리세요.

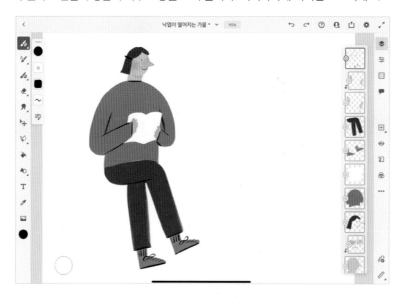

9 책 위에 레이어를 추가하고 [레이어 클립]을 설정하세요. ■[R:242, G:183, B:5]로 겉표지를 그리세요. ■[R:242, G:97, B:5]으로 책등과 겉표지의 테두리를 만들어 주세요.

10 완성된 사람 레이어는 [그룹]으로 묶어 주세요. 사람 아래에 레이어를 추가하고 [라이브 브러시]-[유화]-[유화 라운드], ■[R:171, G:117, B:82]로 벤치를 그리세요.

⑪ 벤치 아래에 레이어를 추가하고 ▦[R:166, G:163, B:129]로 바닥을 그리세요.

⑫ 레이어를 추가하고 ■[R:58, G:17, B:22]와 ■[R:123, G:67, B:39]를 번갈아서 사용하며 돌울타리를 그리세요.

⓭ 바닥 위에 레이어를 추가하고 ▨[R:242, G:183, B:5]로 낙엽 더미를 그리세요.

⓮ 낙엽 더미 아래에 레이어를 추가하고 ▨[R:147, G:162, B:61]로 잔디밭을 그리세요.

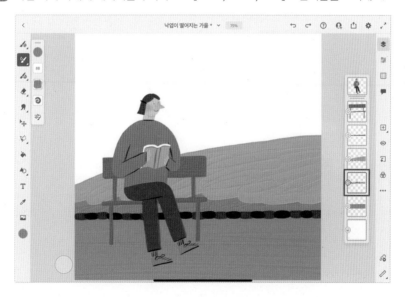

⑮ 낙엽 더미 위에 레이어를 추가하고 ■[R:123, G:67, B:39]로 나무를 그리세요.

⑯ 레이어를 추가하고 ■[R:242, G:97, B:5]로 나무와 주변에 떨어진 단풍을 그리세요.

⓱ 레이어를 추가하고 ■[R:255, G:197, B:22]로 은행나무를 그리세요. 나무와 주변에 떨어진 은행 잎을 그리세요.

⓲ 맨 아래에 레이어를 추가하세요. [라이브 브러시]-[수채화]-[수채화 효과 워시 플랫], ■[R:184, G:229, B:240], ■[R:138, G:191, B:213]을 섞어 하늘을 그리세요.

19 레이어를 추가하고 □[R:255, G:255, B:255]로 구름을 그리세요.

20 사람 그룹 위에 레이어를 추가하고 [라이브 브러시]-[유화]-[유화 라운드], ▨[R:242, G:220, B:155]로 가방을 그리고 ■[R:89, G:75, B:49]로 손잡이를 그리세요.

㉑ 가방 위에 레이어를 추가하고 [레이어 클립]을 설정하세요. ■[R:147, G:162, B:61], ■[R:242, G:97, B:5]로 가방의 무늬를 그리세요.

㉒ 레이어를 추가하고 ■[R:242, G:97, B:5], ■[R:255, G:197, B:22]로 바람에 날리는 낙엽을 그리세요. 낙엽의 끄트머리는 [지우개]로 정리하세요.

㉓ 돌울타리 위에 레이어를 추가하고 ■[R:123, G:67, B:39], ■[R:58, G:17, B:22]로 펜스를 그리세요.

㉔ 맨 위에 레이어를 추가하고 [레이어 속성]-[혼합 모드]-[곱하기]를 설정하세요. [픽셀 브러시]-[목탄]-[목탄 연필]로 ■[R:242, G:97, B:5], ■[R:255, G:197, B:22]로 단풍나무와 은행나무의 풍성함을 표현하는 꾸밈선을 그리세요. ■[R: 123, G:67, B:39]로 나무 질감도 그립니다.

㉕ 레이어를 추가하고 [픽셀 브러시]–[레터링]–[고정된 변수], ■[R:58, G:17, B:22]로 autumn을 적어 주세요. 낙엽이 떨어지는 가을 풍경이 완성되었습니다.

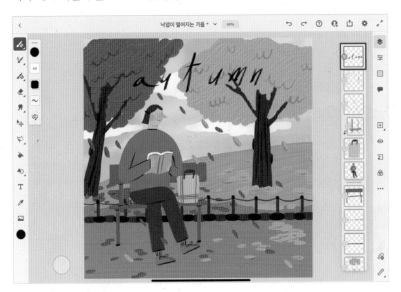

눈 오는 겨울 숲에서

어린 시절 눈 위에 누워 팔다리를 움직여 만들었던 눈 자국을 기억하시나요? 고요한 숲속 눈밭에 누워 만드는 눈 자국을 그려요.

- 화면 크기 : 정사각형(2,100×2,100px)
- 브러시 : [유화 라운드], [작은 끌], [만년필], [목탄 연필]
- 색상 :
  ■ R 127, G 137, B 69 ■ R 62, G 97, B 19 ☐ R 255, G 255, B 255 ■ R 29, G 107, B 58
  ■ R 75, G 146, B 92 ■ R 163, G 106, B 65 ■ R 168, G 216, B 214 ■ R 255, G 204, B 173
  ■ R 233, G 56, B 56 ■ R 255, G 130, B 70 ■ R 57, G 75, B 110 ■ R 169, G 112, B 97
  ■ R 255, G 167, B 124 ■ R 130, G 61, B 43 ■ R 115, G 69, B 36
- 사용한 기기 : 아이패드

① 캔버스 크기는 [정사각형(2,100×2,100px)]으로 선택하세요. 먼저 [라이브 브러시]-[유화]-[유화 라운드]를 사용하겠습니다. ■[R: 127, G:137, B:69]로 언덕을 그리세요.

② 언덕 아래에 레이어를 추가하고 ■[R:62, G:97, B:19]로 언덕을 하나 더 그리세요.

❸ 맨 위에 레이어를 추가하고 ☐[R:255, G:255, B:255]로 쌓인 눈을 그리세요.

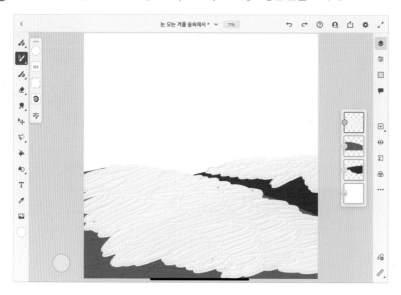

❹ 레이어를 추가하고 ■[R:29, G:107, B:58]로 나무를 그리세요.

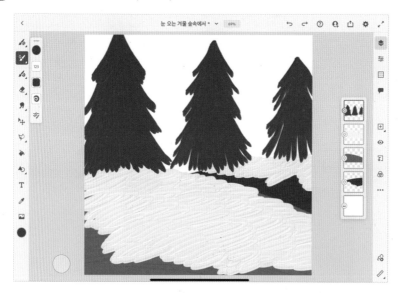

5 나무 아래에 레이어를 추가하고 ■[R:75, G:146, B:92]로 연한 색 나무를 그리세요.

6 연한 색 나무 아래에 레이어를 추가하고 ■[R:163, G:106, B:65]로 나무 기둥을 그리세요.

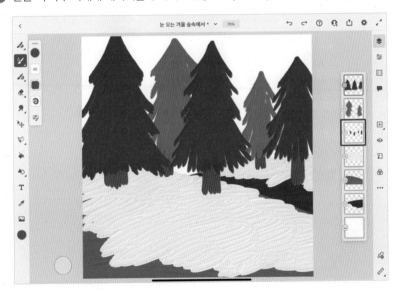

7 맨 위에 레이어를 추가하고 ☐[R:255, G:255, B:255]로 나무 위에 쌓인 눈을 그리세요.

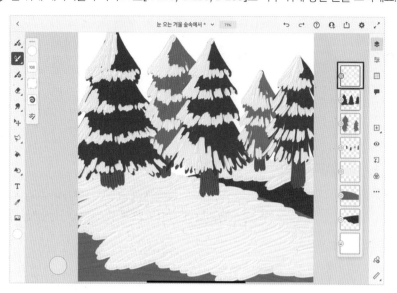

8 맨 아래에 레이어를 추가하고 ☐[R:168, G:216, B:214]로 배경을 채색하세요.

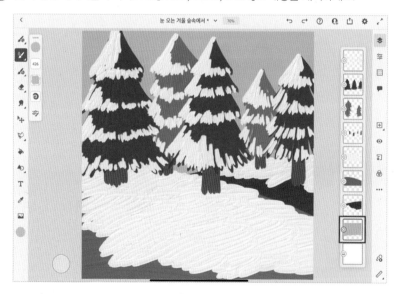

9 맨 위에 레이어를 추가하고 [픽셀 브러시]-[레터링]-[작은 끌], ■[R:255, G:204, B:173]으로 얼굴을 그리세요. 새로운 레이어를 추가하고 ■[R:233, G:56, B:56]으로 모자를, ■[R:255, G:130, B:70]으로 상의를 그리세요.

10 상의 아래에 레이어를 추가하세요. ■[R:57, G:75, B:110]으로 하의를 그리세요. 하의 아래에 레이어를 추가하고 ■[R: 169, G:112, B:97]로 신발과 장갑을 그리세요.

⑪ 얼굴 위에 레이어를 추가하고 [레이어 클립]을 설정하세요. ■[R:255, G:167, B:124]로 볼터치와 턱선을 그리세요. [픽셀 브러시]-[잉크]-[만년필], ■[R:130, G:61, B:43]으로 눈과 입을 그리세요.

⑫ 맨 위에 레이어를 추가하고 [픽셀 브러시]-[목탄]-[목탄 연필], ■[R:130, G:61, B:43]으로 패딩 점퍼와 모자, 신발의 세부 모양을 그리세요.

⑬ 완성된 사람 레이어는 [그룹]으로 묶어 주세요. 사람 아래에 레이어를 추가하고 [라이브 브러시]-[유화]-[유화 라운드], ▇[R:168, G:216, B:214]로 눈 위에 누워 팔다리를 흔들어 생긴 자국을 그리세요.

⑭ 그 위에 레이어를 추가하고 [플로우]를 23으로 설정하세요. ☐[R:255, G:255, B:255]로 눈 자국을 자연스럽게 표현하세요. 어느 정도 자연스러워지면 레이어를 추가해 [플로우]를 다시 100으로 설정하고 자국 주변으로 눈이 눌린 흔적을 만드세요.

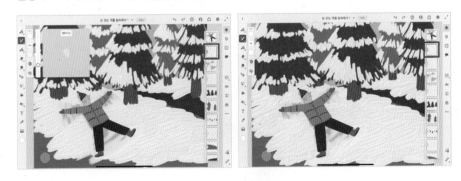

⑮ 나무 기둥 위에 레이어를 추가하고 [레이어 클립]을 설정하세요. [픽셀 브러시]-[목탄]-[목탄 연필], ■[R:115, G:69, B:36]으로 나무 질감을 그리세요.

⑯ 나무 위에 새로운 레이어를 추가하고 [레이어 속성]-[혼합모드]-[곱하기]을 설정하세요. ■[R:29, G:107, B:58], ■[R:75, G:146, B:92]로 나무를 풍성하게 만드는 선을 그리세요.

17 맨 위에 레이어를 추가하고 [라이브 브러시]-[유화]-[유화 라운드], □[R:255, G:255, B:255], ■[R:168, G:216, B:214]로 흩날리는 눈을 그리세요.

18 레이어를 추가하고 [픽셀 브러시]-[목탄]-[목탄 연필], ■[R:57, G:75, B:110]으로 snow! snow! snow!를 적어 주세요. 눈 오는 겨울 숲이 완성되었습니다.

디지털 드로잉 응용하기

작업했던 그림들과 어도비 프레스코의 기능을 활용해서 더 다양한 작업을 할 수 있어요.

사진 위에 그림을 그리거나, 움직이는 그림을 만들고, 어도비 포토샵으로 추가 편집도 가능해요!

그럼 디지털 드로잉 응용하기로 마무리를 함께해 볼까요?

내 폰 속의 사진으로 그림 만들기

휴대폰 사진첩에 있는 사진에 그림을 그리면 어떨까요? 사진과 손 그림이 어우러져 매력있는 그림을 만들 수 있습니다. 사진과 어울리는 나만의 브러시 조합으로 그림을 그려도 좋습니다. 그럼, 자신이 가진 사진에 그림을 그려 볼까요?

- 화면 크기 : 정사각형(2,100×2,100px)
- 브러시 : [유화 라운드], [유화 글레이즈], [목탄 연필]
- 색상 : ■ R 255, G 135, B 68   □ R 255, G 255, B 255   ■ R 95, G 58, B 31   ■ R 209, G 136, B 70

  ■ R 125, G 91, B 60   ■ R 255, G 45, B 32   ■ R 78, G 73, B 69   ■ R 69, G 107, B 191

  ■ R 250, G 127, B 0   ■ R 34, G 144, B 66   ■ R 152, G 176, B 194   ■ R 31, G 57, B 116
- 사용한 기기 : 아이패드

1️⃣ 캔버스 크기는 가지고 있는 사진의 비율에 맞는 화면 크기로 선택하세요. 저는 아이폰에서 정방향으로 촬영한 사진을 사용하겠습니다. 좌측 툴바에서 [배치]-[사진]을 누르고 그림을 그릴 사진을 불러와 주세요.

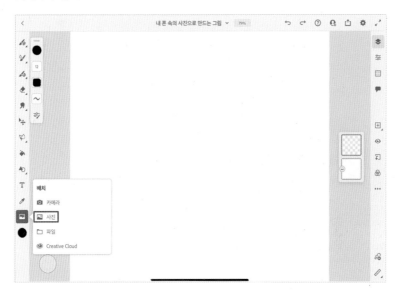

2️⃣ 컵과 그릇을 찍은 사진을 불러왔습니다.

3 레이어를 추가하고 [라이브 브러시]-[유화]-[유화 라운드], ▓[R:255, G:135, B:68]로 컵 속에 커피를 그리세요.

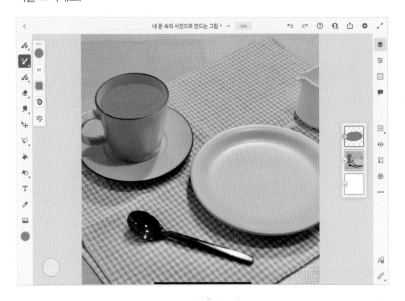

4 레이어를 추가하고 □[R:255, G:255, B:255]로 커피에 휘핑 크림을 올려 주세요.

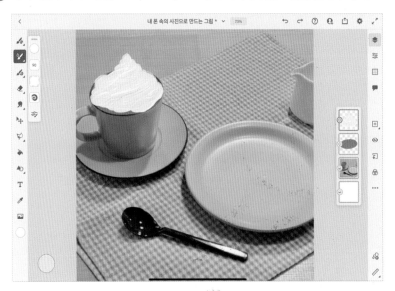

5 레이어를 추가하고 [라이브 브러시]-[유화]-[유화 글레이즈], ■[R:95, G:58, B:31]로 초코칩을 장식하세요.

6 레이어를 추가하고 [라이브 브러시]-[유화]-[유화 라운드], ■[R:209, G:136, B:70]으로 빈 접시에 빵을 그리세요.

⑦ 레이어를 추가하고 ■[R:125, G:91, B:60]으로 빵 위에 초코 크림을 그리세요. 레이어를 추가하고 ■[R:255, G:45, B:32]로 체리를 올려 주세요. [라이브 브러시]-[유화]-[유화 글레이즈], ■[R:95, G:58, B:31]로 체리 꼭지와 초코 크림 위에 초코칩을 그리세요.

⑧ 사진 속 접시와 빵이 자연스럽게 보이도록 빵 아래에 레이어를 추가하고 ■[R:78, G:73, B:69]로 그림자를 그리세요. [레이어 속성]에서 불투명도를 42 정도로 줄이면, 그림자를 훨씬 자연스럽게 표현할 수 있어요.

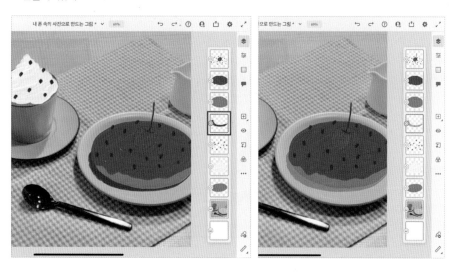

9 레이어를 추가하고 □[R:255, G:255, B:255]로 체리 위에 반짝이는 효과를 그리세요.

10 레이어를 추가하고 ■[R:69, G:107, B:191], ■[R:250, G:127, B:0]으로 컵과 접시를 꾸미세요.

⑪ 레이어를 추가하고 ■[R:34, G:144, B:66]으로 빨대를 그리세요. 빨대 위에 레이어를 추가하고
[레이어 클립]을 설정하세요. □[R:255, G:255, B:255]로 빨대를 줄무늬로 꾸미세요.

⑫ 레이어를 추가하고 ■[R:152, G:176, B:194]로 사진 속 키친 클로스의 양쪽 끝에 두툼한 선을 그리
세요.

⑬ 레이어를 추가하고 [픽셀 브러시]-[목탄]-[목탄 연필], ■[R:31, G:57, B:116]으로 coffee, donut, spoon을 적어 주세요.

⑭ □[R:255, G:255, B:255]로 반짝이는 효과와 도넛 위의 하얀 토핑을 그리세요. 사진 위에 그림 그리기가 완성되었습니다.

움직이는 그림 만들기

프레스코에서 움직이는 그림을 만들 수 있어요. 모션 기능을 사용해서 직접 그린 스케치에 생동감을
더해 움직이는 그림을 만들어 볼까요?

- 화면 크기 : 정사각형(2,100×2,100px)
- 브러시 : [목탄 연필], [작은 끌]
- 색상 : ■ R 170, G 170, B 170　　■ R 255, G 204, B 173　　■ R 255, G 167, B 124　　■ R 255, G 41, B 37
　　　■ R 151, G 78, B 42
- 사용한 기기 : 아이패드

✏️ 프레임별 모션으로 움직이는 그림 만드는 방법

① 모션 기능을 사용하기 전에 움직이는 그림으로 만들 이미지를 스케치합니다. 브러시는 [픽셀 브러시]–[목탄]– [목탄 연필], ▆[R:170, G:170, B:170]을 선택하고 팔을 흔드는 요정을 그려보겠습니다.

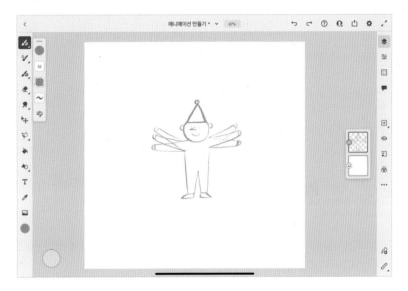

② 스케치를 그린 후에는 [레이어 속성]에서 [불투명도]를 41 정도로 설정해 주세요.

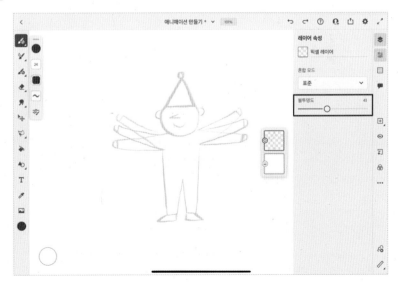

③ 레이어를 추가하고 우측 하단의 [모션]을 눌러 주세요. **모션 바**와 **타임라인**이 열립니다.

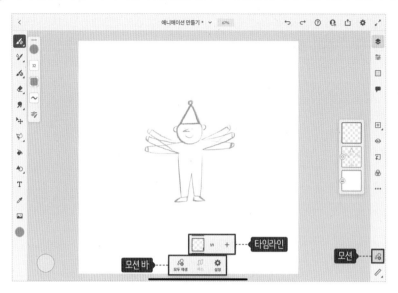

④ 방금 추가한 레이어를 스케치 레이어 아래로 옮겨 주세요. [픽셀 브러시]-[레터링]-[작은 끌], ▨[R:255, G:204, B:173]으로 얼굴과 중간에 있는 손을 색칠하세요.

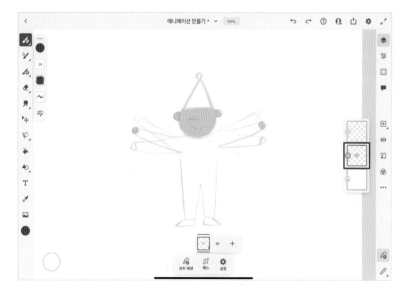

5 [픽셀 브러시]-[목탄]-[목탄 연필], ■[R:255, G:167, B:124]로 볼터치와 코를 그리세요. [픽셀 브러시]-[레터링]-[작은 끌]로 돌아와서 ■[R:255, G:41, B:37]로 요정의 옷과 모자를 칠하고 ■[R:151, G:78, B:42]로 그림과 같이 모자, 눈, 목, 소매, 신발을 꾸미세요.

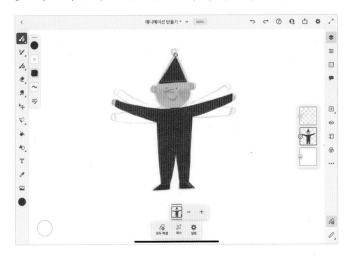

Tip. [모션] 기능은 레이어에 타임라인을 만들어서 영상처럼 움직이는 모션 프레임을 추가하는 기능입니다. 그림과 같이 하나의 레이어에 한번에 채색하거나, 혹은 각각의 레이어로 이미지 작업을 하고 움직임이 필요한 레이어에 모션 프레임을 만들 수도 있습니다.

6 모션 레이어1이 완성되었습니다.

7 캔버스 아래의 모션 레이어에 있는 **+ 버튼**을 눌러 새로운 모션 레이어를 추가하세요. 이번에도 스케치 선을 활용해 보겠습니다.

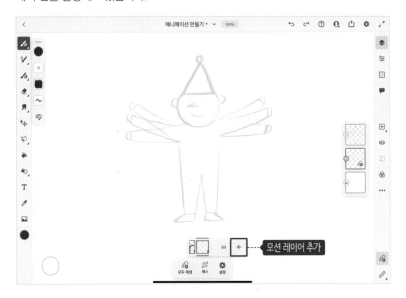

8 먼저 앞서 그린 이미지가 살짝 보이도록 만들어 주세요. **모션 바**의 **[설정]**을 클릭하고 **[양파 껍질]**을 체크합니다. **[양파 껍질]**의 **[불투명도]**를 조절하면 이전 작업이 비치기 때문에 훨씬 수월하게 작업할 수 있습니다.

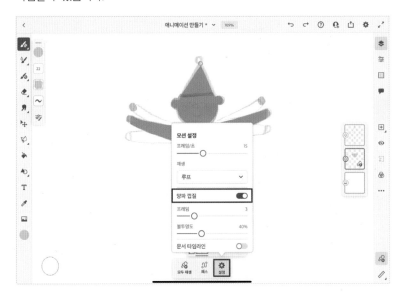

9 이제 모션 레이어1을 만든 방법과 동일한 과정을 거쳐 **모션 레이어2**와 **모션 레이어3**을 추가하여 팔 동작이 다른 요정을 그려 주세요.

10 모션 레이어1, 2, 3 모두 모자에 삐쭉 튀어나온 머리카락도 그려 주세요.

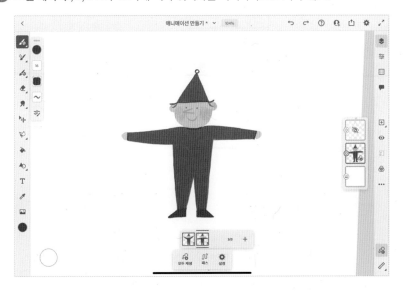

⑪ 모션 레이어1, 2, 3이 완성되었다면, 모션 바의 [모두 재생]을 눌러 움직임을 확인해 봅니다.

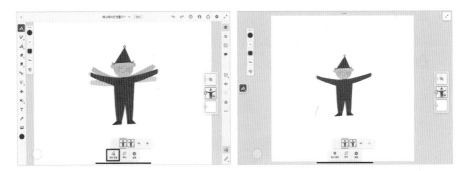

⑫ 모션 바의 [설정]에서 [프레임/초]를 조절하면 그림이 움직이는 속도를 마음대로 할 수 있습니다.

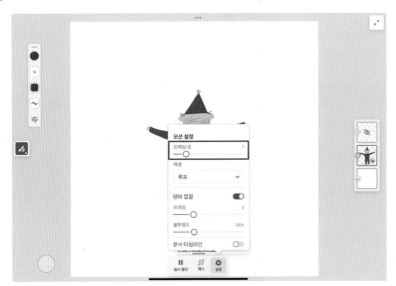

✏️ 모션 패스로 경로에 따라 이동하는 방법

[패스]는 작업한 모션 레이어를 경로에 따라 부드럽게 움직이는 기능입니다.

이동하는 경로 그리기

패스를 곡선으로 그리면 곡선 방향으로, 직선으로 그리면 직선 방향으로 요정이 팔을 움직이면서 이동합니다.

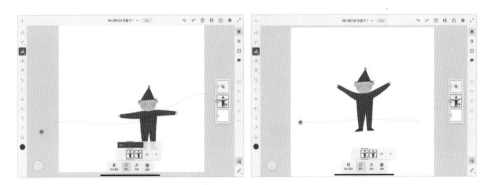

다중 추가와 산포 살펴보기

[패스] 기능이 추가된 모션 레이어는 [패스 효과]에서 [다중 추가]와 [산포]를 설정할 수 있습니다.

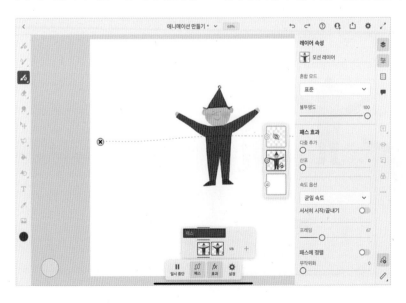

첫 번째로 [다중 추가]는 경로에 따라 이동하는 이미지 수를 늘립니다. 예로, [다중 추가]가 3이라면, 설정한 경로에 따라 움직이는 모션 레이어의 이미지가 3개로 늘어납니다.

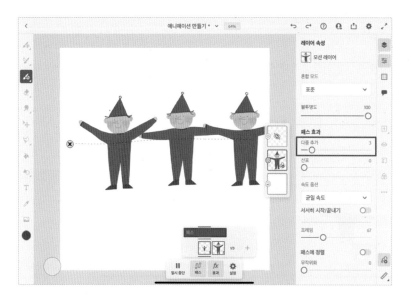

두 번째로 [산포]는 모션 레이어들이 **경로를 중심으로 여러 위치에 흩어지게 배치**하는 기능입니다. 산포의 숫자가 커질수록 이미지들이 넓게 흩어집니다.

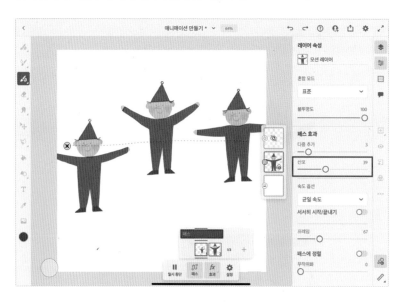

완성된 모션 이미지 저장하기

완성된 모션 이미지는 우측 상단의 [게시 및 내보내기]-[다음으로 내보내기]에서 나에게 맞는 파일 형식으로 저장해 주세요. [모션] 기능으로 움직이는 그림을 완성했습니다.

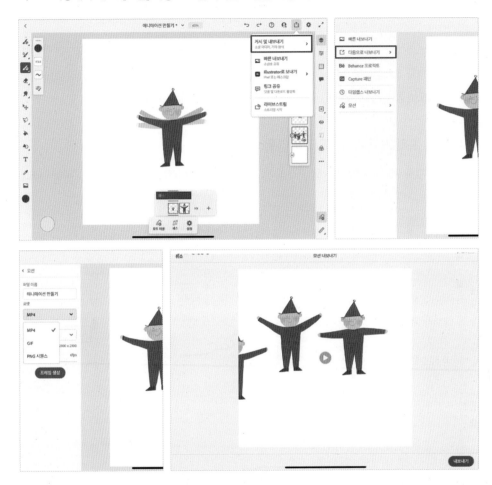

Drawing 03 컴퓨터로 옮겨 작업하기

어도비 프레스코에서 작업한 이미지를 PSD 파일로 저장해 컴퓨터로 옮겨 자유롭게 편집하고 작업하는 2가지 방법을 소개합니다. 바로 어도비 프레스코에서 PSD 파일로 바로 내보내는 방법과 **어도비 포토샵**에서 **어도비 클라우드**로 연동된 이미지 파일을 불러오는 방법입니다.

🖊 어도비 프레스코에서 PSD 파일로 내보내기

작업한 이미지를 PSD 파일로 저장해 보겠습니다. [게시 및 내보내기]-[다음으로 내보내기]에서 PSD 파일 형식으로 저장해 주세요.

프레스코 홈 화면의 [내 파일]에서 작업한 이미지 파일에 대한 설정을 변경할 수 있습니다. 여기서 [PSD로 내보내기]로 저장할 수 있습니다.

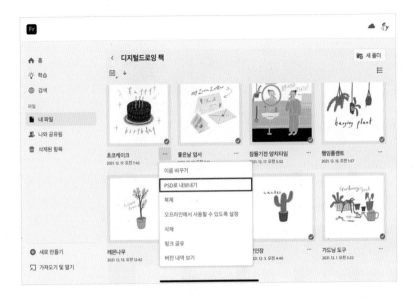

✍️ 어도비 포토샵에서 어도비 클라우드로 연동된 이미지 파일을 불러오기

어도비 프레스코에서 작업한 이미지는 어도비 계정으로 연동하면 클라우드로 업로드되기 때문에
어도비 포토샵에서 파일이 열립니다.

아래와 같이 프레스코에서 작업한 각각의 레이어로 이미지 파일을 편집할 수 있습니다.

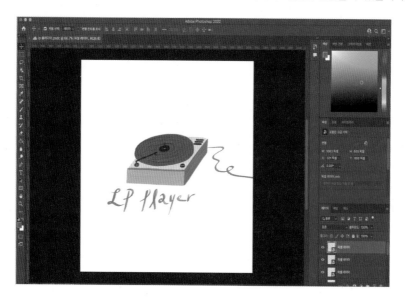

Drawing 04 타임랩스 내보내기

❶ **[타임랩스]**는 그림 작업을 **영상으로 저장**하는 기능입니다. 작업 과정을 사진 앱에 비디오 파일로 저장할 수 있습니다. 우측 상단의 **[게시 및 내보내기]**를 누릅니다.

② [타임랩스 내보내기]를 선택합니다.

③ 우측 하단의 [내보내기]를 누르면 사진첩에 **타임랩스 영상**을 저장할 수 있습니다

❹ 재생 아이콘을 누르면 그림을 그린 과정을 영상으로 볼 수 있습니다.